言葉が思いつかない人のための

語彙トレ55

近藤勝重

大和出版

言語のみが人間の精神を表現し、構成し、
かつ人間に物を考えさせ、創造させる「機能」以上のものなのである。
神すら言語（ロゴス）であると聖書ではいう。

――司馬遼太郎『十六の話』所収の「なによりも国語」

言葉が思いつかない人のための

語彙トレ55

自ら「問い」を持とう。そして「答え」を得よう。

——「はじめに」に代えて

まずは語彙とは、から説明しておきます。「彙」は「集めること」ですから、つまり単語の集まりをいうわけです。英語ではボキャブラリーです。「ボキャブラリーが豊か」などという一方で、言葉をあまり知らないと「ボキャ貧」などと言われたりもしますよね。

語彙に「力」をつけて「語彙力」となれば、いろいろさまざまなことを巧みに言い回したり、別の言葉で言い換えられるかどうかなど、子どもたちや学生には学力の面で、ビジネスパーソンには仕事力の面でそれぞれ力量が問われることになります。

ですが、その語彙力が若年層を中心に年々低下しています。毎日新聞の夕刊編集長時代、チーム取材で若い子の語彙力を特集して、当時の国語学の第一人者、大野晋先生にも話を伺いました。

先生は「昭和30年代の調査で高校の上級生が3万語の語彙を持っていたのに、今は大学生でも平均1万５０００から2万くらいに落ちている。すでに大学生と高校生の語彙力はそれぞれ昔の高校生と中学生ぐらいでしょう」と案じておられました。

それが二十数年前のことで、その後さらに低下して、日本人全体の「読み書き」の能力不足も各種調査で明らかです。ネット社会やスマートホンの普及などに伴う新聞、読書離れは顕著ですから、当然の結果かもしれません。

さて、みなさんにお聞きします。あなたが話していることや書いている文章は正確かつ適切ですか。そこで必要な語彙は足りていますか。あなたの発する言葉が周りにどんな印象を与えているか、自分を見つめ直したことがありますか。

僕は、人生とは「人として生きること」だと理解しています。生きる力は何よりも言葉と関係します。早い話、人と言葉を交わしていると、知識が不十分で狭く固まっている自分に気づき、改めるといったこと、少なからずありますよね。その一方で、泣けてくるほど嬉しい言葉をもらうことだってありますよね。

いささか堅苦しいあいさつになっていますが、これから始める語彙トレに励んでいただければ、あなたの生き方も一段と生彩を増すでしょう。

例えば、「元気」という言葉を辞書で引けば、「生き生き」とあります。続いて「生き生き」を引くと、「活気」「健康」などの言葉のほか、「新鮮」という言葉もあります。「新鮮」は「生鮮」「斬新」「清新」といった言葉まで連れてきてくれます。

これすべて共通のワクの中にある類語なんですね。「類」そのものも「類似」「相似」「酷似」「近似」……といろいろあります。小型の国語辞典でも収められている語彙は約6～10万語程度ありますから、身近な語彙の教科書として活用できます。スマホでも類語は調べられますし、語彙全般、雑誌や書籍のほか、サイト、ブログでお気に入りの言葉を引き出せば、言い換えのバリエーションが広がり、言葉のセンスも磨くことができるでしょう。

ともあれ僕らは、広大無辺なる言葉の世界で人間の感情や知性がいかに深く言葉と関わっているかを知り、また逆に、言葉を知らないことがどれほどのマイナスかを思い知ることになるのです。世は話す人あり、聞く人ありです。語彙力を鍛えて、使う言葉の一つ一つとともに社会性を身につけ、人間的にもいい感じに変わっていきたいものです。そのためにも言葉が思いつかない人には「問い」を持とう！　そして「答え」を得よう！　と呼びかけたいと思います。これから一緒に学んでいきませんか。

筆者

言葉が思いつかない人のための **語彙トレ55**

目次

2章

読み書き歌う

言葉のスキルアップはワクワク楽しく

3章

表現力と話力

現場で生きる〝語彙の豊かさ〟とは

装丁・本文デザイン　轡田昭彦＋坪井朋子
編集協力　中村富美枝
ＤＴＰ　青木佐和子

1章

類は言葉を呼ぶ

一つ新しく知れば世界は大きく広がる

風景／光景／景色

想像して微妙な違いを感じ取る

似た者同士が自然に集まることを「類は友を呼ぶ」と言いますが、類は友とすべき言葉も呼んでくれます。

いわゆる類語ですね。一つの言葉の前後左右にある言葉のグループで、意味が正反対の「長い—短い」や、二つの言葉が対になっている「親—子」などの対語も類語に入ります。

要は、言葉の仲間をいっぱい連れてきてくれるのです。例えば、あなたが窓の外に広がる自然や建築物に目をやって、いい眺めだなあとふと思ったとしますね。おそらくその感情は、あなたの頭に「風景」とか「景色」とか、あるいは「光景」といった言葉なども呼び起こしているのではないでしょうか。

さらには、すべて類語とはいかないまでも、「風光」とか「風土」、あるいは「風情」という言葉もあるなあ、と風まかせとなって、「田園風景」「風光明媚」といった四字熟語まで頭をかすめるかもしれません。

言ってみれば、それほど日本語というのは深みと広がりを有して混融しているわけです。ですから語彙力をつけたいのなら、まずは類語、類が呼ぶ言葉の友を頭に浮かべるのが何よりかと思われます。

まずは「嵐」で考えてみよう

さて、前口上はこのくらいにして、語彙トレの55問答に入りましょう。

問1

アイドルグループ「嵐」が2020年末で活動を休止すると発表して大きな話題になりましたが、その記者会見でリーダーの大野智さんは「見たことのない〇〇を見てみたい」と言いました。問題です。〇〇に言葉を入れてください。

大野さんが口にしたのは「景色」でした。もし、「風景」あるいは「光景」と言っていたとしたら、その意味はどう変わるんでしょうか。

「景色」「風景」「光景」の違いを説明してくださいと言われても、なかなか違いを明確にはできないものです。そんな時はシチュエーションを想像するに限ります。山の展望台や人が行き交う街の喫茶店、多忙なオフィス、見事な庭園などに自分を置いて眺めてください。あるいは被災地なども思い浮かべてください。そして景色、風景、光景、……と順につぶやきながら、それぞれの言葉が脳裏に描き出すイメージをもとにどれが一番ピッタリくるか考えていくと、何となく微妙な違いに気づいてきます。

繰り返しますが、類語が多いのが日本語です。その場にピッタリの言葉をあてるには、このちょっとした感覚の違いを感じ取ることが大切です。あなたがもし、どんな場所に自分を置いて想像しても、この三語が同じようにしか感じられないのなら、さあ！　この本がスタートですよ。最後までついて来てくださいね。

問2

では考えてみてください。あらためて、「風景」「光景」「景色」の三語それぞれの意味を説明してください。

厳密さはともかく、おおむね次のように答えられれば、あなたの語彙力はかなりのものと思われます。

「風景」目の前に広がる眺め。自然や人々の様子など。
「光景」目の前の眺めのほか、自然以外のある場面のありさまに対しても用いる。
「景色」「風景」と同様に目に映るものながら、「雪景色」といったように〝鑑賞の対象となる眺め〟のニュアンスがある。

以上は各種辞典を参考に僕なりにまとめたものですが、「風景」は視覚的で、「光景」は自然以外のものに対しても用いるのに比して、「景色」は〝見て楽しむ〟という意味合いが強いように感じられます。

「気色」という言葉があります。「気色ばむ」という言い方もありますよね。

この「気色」は古語で、見て感じる自然や人の心の動きを表していたようです。「この人けしきよし」は「この人はきげんがいい」という意味だった、と手元の辞書にはあります。

ともあれ大野さんには「景色」よく「気色」よしの旅であってほしいですね。

俳優シドニー・ポワチエのこんな言葉を思い出しました。

「未知の旅をしようしない人には、人生はごくわずかな景色しか見せてくれないんだよ」

夕方／日暮れ／黄昏

年齢に応じた言葉、使えていますか？

子どもの頃、夏休みが始まると、休みは無限、それこそ終わることなどなく、永遠に続くとすら思えたものです。が、お盆が過ぎ、手つかずの宿題が気になりだすと、あと何日……としだいに現実に戻されていました。

作家の津村記久子さんが『まぬけなこよみ』に「夏休みの黄昏」と題してこんなことを書いています。

夏休みの終わりは、ひたひたと確実にやってくるのである。大量の手を付けていない宿題を引き連れて。黄昏（たそがれ）、という言葉があるが、まだ自分の中で定着していないので、夕方をたそがれ時と思うことはまずないのに、夏休みが終わる感触こそはたそがれだと理解している。

若いときにこそ似合う言葉がある

脱力系の四季模様を書かせたら、実に達者な津村さんのこの文章にふれて、吉行淳之介さんと森鷗外の娘さんの森茉莉さんが対談した際のやりとりを思い出していました。

森さんが「井上靖さんが『文学散歩』の会で講演なさって、僕は夕刻とか黄昏とは書かない。夕方と書くと言っておられまして、そのとき私は、いいなと思いました」とおっしゃると、吉行さんは「きどりというか。ある意味で押しつけてくるような感じですかね。僕も若いとき黄昏と書いたことがありますね（笑）、このごろは必ず夕方ですけど」と応じているのです。

どんな言葉を使うか。やはり年齢的なものがあるのでしょうね。僕も黄昏という言葉に何か気取った感を覚え、ずっと夕方とか、日暮れと書いていたのですが、それが最近、また変わってきているのです。

年をとって体も衰えてくると、西の空に落ちる夕日を見つつ、もう黄昏か、とふとつぶやいたりしてるんですね。少々大げさながら、この先、この国は、この世界は、この地球はどうなっていくのか、と案じつつ、どこかで黄昏れていくこの世を感じたりもしますしね。

ただ今は、一人でぼんやりしている友だちに「何たそがれてんの?」とか、座って遠くを見ている愛犬に「またそうやってたそがれる――」と結構楽しく「たそがれ」を使っているようです。

問3

ところで、みなさんは黄昏という言葉のそもそもを知っていますか。

夕方は人の姿の見分けがつきにくく、「誰(た)そ彼(かれ)」は、と尋ねるところから生まれた言葉なんですね。万葉集に「誰そ彼とわれをな問ひそ九月の露に濡れつつ君待つわれを」と歌った一首がありますが、「誰ですか、あなたは」と問う風習が時間帯を表す言葉になっていったわけです。

ですが、薄暗くて誰だかわからないのは夜明け前もそうです。対になる明け方の表現は、と調べると、「かはたれどき（彼は誰時）」という言葉がありました。

「語源」は話のネタになる

いや、日本語は本当に奥深い。それゆえに僕らの語彙力も差がつくのでしょうが、使われている言葉に疑問があれば、とにかく辞書にあたる。言葉によっては語源も調べてみる。語源は結構面白いので話のネタにもなりますよ。このような習慣と言葉への興味を覚えれば、大丈夫。あなたの語彙力は確実に向上します。

ところで、夕方の情景を描いて達者な作家といったとき、僕はすぐに吉行さんを思い浮かべます。

吉行さんには「夕暮れ族」という流行語を生み、映画にもなった『夕暮まで』という作品があります。主人公が立ちどまって空を眺めている印象的な場面があります。タイトルとつながる叙述です。

問4

では問題です。主人公は「光のない〇〇夕暮れがくる直前の真っ赤な空」を眺

めています。○○には夕暮の色が入ります。次の三つのうちどれでしょう。
赤い　黒い　白い

答えは白いです。

白い夕暮？　と首を傾げた方もいるかもしれませんね。でも手元の百科事典の「白」の解説には、「一日の終わったあとの西の空は白く、一日の始まる暁の空は白い」とあります。『枕草子』にも「春はあけぼのやうやうしろくなりゆく……」とありますよね。白は一日の死と再生を表わす色なんですね。

『夕暮まで』は人間一般の晩年の心境を描いた作品だと吉行さんは言っていますが、この空の描写は生と死を意識して書かれています。

この夕暮について、米国人作家、リチャード・ブローティガン氏が吉行氏との対談の際、直接こんな質問をしました。「この時の夕暮は薄明かりのトワイライトか、日が落ちてしまった日没のサンセットか、どちらですか」

吉行氏はサンセットだといったんは答えるのですが、あとで考えるとよくわからないとも振り返っています。みなさんはどう思いますか？　なかなかの難問ですよね。

プロによる「孤」の表現

陰影に富む夕方の情景と人間心理は藤沢周平さんもこだわったテーマの一つです。『たそがれ清兵衛』を思い出す人もいるでしょうが、僕には藤沢さんの唯一の現代小説『早春』の次の情景描写が印象に残っています。

主人公の岡村は50代後半の男で、病気がちだった妻の看病で出世コースからはずれ、その妻にも先立たれます。息子は地方で働いていて、食事の世話をしてくれている娘も妻子ある男の言葉を信じて家を出ようとしている。ママに気があって足しげく通っていた近くのスナックも店をたたんでしまった。藤沢さんの筆が、読者に男の心の声を届けずにはおきません。岡村の状況を頭に入れた上で、次の文章を読んでください。

ダイニングキッチンにもどると、岡村は食卓の椅子に腰をおろした。もう食事の仕度にかかってもよさそうだったが、いつの間にか肝心の食欲がなくなってい

た。岡村は窓の外を見た。傾いた日射しが狭い庭に入りこんで、光沢のあるさるすべりの幹や、沈丁花の赤いつぼみを照らしていた。風はやんだのに、空気はむしろさっきより冷えて来たようである。そして日はいよいよ西にまわったらしく、西側の窓が突然に火のように赤くなって、そこから入りこんで来る光が椅子にいる岡村にもとどいた。岡村は○○感に包まれていた。

問5

問題です。文中の○○に入る漢字2文字を考えてください。

答えは孤独です。

「寂寥感」や「虚無感」と考えた人がいるんじゃないでしょうか。他には「孤立感」とか「疎外感」もあったかもしれませんが、まさか「安心感」と答えた人はいないでしょうね。この小説を根底からくつがえしてしまいそうですね。やっぱりここは「孤独感」です。

そうか、こんなぐあいにひとは一人になるのかと岡村は思っていた。それは幾度も頭に思い描いたことだったが、胸をしめつける実感に襲われたのははじめてだった。

やはりここは単に寂しいとか空虚とか言ってる場合じゃない。ただの独りぼっちになった孤立でもなく、心の底から独りぼっちを感じているわけで、「孤独感」が一番岡村の心情を表わす言葉なんですね。

一つ一つの言葉の連なりは余韻、余情をもたらします。その場面や状況にかなった言葉を選択する。これは人と話をする時も、ものを書く時も決しておろそかにしてはいけない大切なことです。

とりもなおさず語彙力とダイレクトに関わってくる問題ですね。

問6

そこでもう一問。「孤影悄然」という四字熟語の意味を答えてください。

この言葉の意味するところは、ただ一人で、さびしそうに見える姿です。「悄然」は憂いに沈んで、元気がない様子をいいます。

情景描写は心理描写とともに文章の中心を成しますから、おのずと語彙力が問われるところです。

僕がいま手にしている四字熟語辞典には、「孤独」の項目に「孤立無縁」や「天涯孤独」などもありますが、それぞれニュアンスが違います。その人の事情や心中を推察して使い分けなければならないわけですよね。

感動／感激

使い分けの難しい類語に強くなる

意味や用法の似た類語のなかでも、使い分けの難しい言葉に感動と感激があります。

問7

問題です。感動と感激をそれぞれ説明してください。

これは難問でしょうね。

語の意味や用い方に悩んだ時、僕は大野晋、田中章夫編『角川必携国語事典』を手に取ります。まぎらわしい言葉の個々の違いを解説している〈コラム「つかいわけ」〉が収められているからですが、あいにく感動、感激はコラムでは取り上げられていません。答えとした次の語釈も今ひとつ違いははっきりしません。

感動はものごとにふれて心が強く動かされること。「すばらしい——の名場面」類感激。

感激はものごとに対して、すばらしいと感じ、心が激しく動かされること。

そこで具体例を調べてみたのですが、松井秀喜選手がヤンキースとの入団契約でニューヨークのヤンキーズスタジアムを初めて訪れた時、「すごく感激しています」と言ったと、これは松井選手の友人の話です。感動ではなく感激です。

松井選手のヤンキーズ入団は2002年のことで、当時大変な話題になりました。一方で映画の「タイタニック」が感動作品と話題になり、ケータイなども大々的に感動商品に挙げられていた頃です。

その当時、僕は某女子大でメディア文化論の授業を担当していたのですが、目にし、耳にする感動、感激という言葉を学生たちにどう説明すればいいか、その女子大の図書館でいろいろ調べたことがあります。

幸い図書館所蔵の『青年心理』（金子書房）が「感動」ついて特集していて、とりわけ大自然の美やヒューマンストーリーなど、価値ある他者に向けられたものを「感動」、自分のチームが優勝したとか、入試に合格したとか、もっぱら自己にかかわるものを「感激」ととらえて考察した心理学者の論文は大いに参考になりました。

例えば僕自身は、春に手作りのいかなごの釘煮をもらったりすると感激しますが、感動かと言われると違うように思います。これはおいしい物をもらったという自己にかかわるものだからでしょう。しかし、食べてみると「ウマイ！」。これは感激の味ではなく感動の味、もしくは感動的な味のほうがしっくりきますね。

世間一般での会話では、感動も感激も、さして区別なく使われる感がありますが、こういった類語は同じものとしてとらえず、言葉の微妙なニュアンスの違いを感じ取って使い分けていくことが、そのまま語彙力向上につながるのです。

あなたらしい表現をさがす

語彙不足を物語った例かどうかはともかく、芸能通の知人によると、感動したり、感激したりしたとき、俳優やタレントのこういう言葉をよく耳にするそうです。

「効きますねー」「効くよねー」「キター！」

そして感想を聞かれると、

「言葉にならないですねー」


そうそう、こんな若者言葉も最近耳にしますね。

「エモい」

英語のエモーショナル（感情的）に由来しているのでしょうが、感動した時のみならず、寂しい、懐かしいなど、とにかく感情が動いた時の胸中の表現を一手に引き受けているようです。

「この曲、超エモいよねー」

「夕空ってエモいよねー」

「その言葉、超エモいんですけど」

僕には理解不能の会話です。

こういう若者言葉は油断ならないばかりか、一語にいくつもの意味を持たせて多用されると語彙力は決して育ちません。心が外の世界に触れた時は、多くの感情がわくものです。せっかく言葉豊かな国に生まれたのですから、自分の感じていることを大事にして、山のようにある語彙から、一番ピッタリくる言葉を見つけ出してほしいと願うばかりです。

では、「エモい」に対抗して、次の問題に取りかかりましょう。

問8

・「感動しました」「感激しました」を、ほかの言葉で言い表してください。できればそれぞれ別々に考えてみてください。

人それぞれがそれぞれに感じる表現に、これが正しいというものはありませんので、以前学生に提出してもらった幾つかを紹介しておきます。

「感動しました」
・「心が震え、心臓の鼓動が鳴りやみません」
・「胸の中が涙でいっぱいです」
・「宇宙の果てまで連れて行ってもらった気分です」
・「涙は胸の底からこみ上がってくるものだと実感しました」

「感激しました」
・「ありがとうを何回言っても足りません」
・「嬉しさのあまり飛び上がりました」
・「激しくパンチをくらったようです」
・「思わず愛犬の手を取ってダンスをしました」

ユニークなものも。
・「一生あなたについていきます」

どうですか。あなたらしい表現は思いつきましたか？　難しい言葉を使う必要はありません。要は自分の気持ちをそのまま素直に表現できるかどうかなんです。

あなた自身が口にする言葉が感情を交えない事務的なものでなく、血が通っていることが大切で、それがあなたらしさに繋がっていくのです。ひいてはそれが語彙力を育ててくれるのです。

感謝カンゲキ雨嵐

一つの言葉にすがらない

ところで「感謝感激」は、大変感謝し感激しているといった趣旨の四字熟語でしょうが、それに「雨霰（あられ）」がついた「感謝感激雨霰」も時に耳にします。
みなさんはこの言葉の由来を知っていますか。日露戦争時の歌にあった「〇〇〇〇雨霰」をもじったもののようです。

問9

問題。「〇〇〇〇雨霰」の〇にはどんな漢字が入るでしょう。まずは「カンシャカンゲキ」のカを別のカタカナに置き換えてみてください。ヒントは戦争。雨霰と玉が飛んでくる。

カをラに換えてみてください。乱射乱撃となりますね。

その「乱射乱撃雨霰」を「感謝感激雨霰」と、新聞が見出しに取ったりしてこの言葉が広まったようです。相手へのありがたいと思う気持ちの表現にしては、「雨霰」が付いたことでおどけた感じになり、気心の知れた相手に「ありがとう」ですむところを、「感謝感激アメアラレ！」と手を合わせてみたり、大げさに抱きついたりして、コミュニケーションをとる言葉として重宝されてきたのでしょう。

以前、編集部でそんな話になったとき、「若い子は『感謝カンゲキ雨嵐』だと思っているんじゃないですか」と、記者にアイドルグループ「嵐」の歌と一緒に、泣きながら生まれてきた僕たちは　たぶんピンチに強い、といった軽妙な言い回しの歌詞も教えられた覚えがあります。

２０００年11月にリリースされた「嵐」の４枚目のシングルがそういう曲名で、発売以来、ファンへの感謝を伝えられる代表曲になっているということでした。

そんな経緯を知って、僕自身は言葉に付加される時代性を改めて認識した次第です。

一方で、若い子の言葉が語彙力低下を反映してでしょうか、怪しくなっているという話も近年よく聞きます。ある営業マンが、新人を連れて取引先に行く車の中で、「今から行くA社は日の出の勢いだからな」と話したところ、その新人クン、A社で名刺をもらった担当者にこう言ったそうです。

「御社は火の出る勢いだと聞いています」

新人のこの種の話題に「そういうことは日常茶わんごと（日常茶飯事）でしょ」と真面目な顔で受け止める上司もいるとも聞きますから、若い子の語彙力ばかりを問題にしてはいけないのでしょう。

ま、しかし、これらは言い間違いの類ですから、当人に誰かが気づかせてあげればいいのですが、若い女性レポーターが旅か何かの番組で前方の山を見て「かっわいい」と声を上げていたのには、別の驚きがありました。

「いやされる」を言い換えると……

「いやされます」も他の言い換えができないのかと思います。以前、動物の赤ちゃんを扱った番組で、タレントの男の子が「嫌なこともつらいこともみんな忘れさせてくれますね」と言うと、かたわらのアナウンサーが「いやされるって感じですね」とわざわざ「いやされる」を出してきたので苦笑したことがあります。

問10

さて、問題です。「いやされます」を別の言い方にしてください。

「穏やかな気分になります」「気分が和らぎます」などが思い浮かびますが、「いやされます」も胸中の表現なので、これが正解というものはありません。「気持ちがやさしくなります」「胸の中がほっこりします」と少し考えればいくらでも思いつくはずです。

そういえば旅番組である女優さんが山合の温泉宿で露天風呂につかりながら「細胞がとろけていきそうです」と言ってました。またある芸人さんは出演者がみんな「いやされます」を連発している中でひと言こう言いました。

「からだ全体温湿布」

これぞ絶妙の言い換え表現。さすがですねー。あなたもあなたならではのユニークな言葉で表現してみてください。ただし誰が聞いてもわかるということが大切ですよ。

いかがです、結構、楽しいでしょ。言い換え表現は語彙トレの基本です。

ことば
ナビ

静かな若者

早稲田大学大学院で授業のお手伝いをしていた時の受講生たちが4、5人連れでわが家によくやってきます。新聞や放送の仕事に就いてもう数年になる連中ながら、近況報告をするでもなく、みんないたって無口です。

スマホに目を落としている者もいますが、といってみんなとの話を避けているふうはありません。とりとめのない雑談がどうも苦手なようなのです。

記者時代、僕らは取材相手と天気がどうの、体調がどうのと雑談をいろいろ交わして本論へと話をつないだものです。今の子はどうなのか。取材とメールとの関係も気になって聞いてみましたが、みんな取材相手からは直接話をうかがうと答え、こちらが案じていたことを察してでしょう、「メールは取材のお願いなど用件程度のやりとりですよ」とのことでした。

ただ、それにしても連中の言葉数は少なく、〝静かな若者〟といった印象はぬぐえません。いろいろ聞いてみて、なるほどそういうことかと思った一つは、昔と違いスマホなどで独りで過ごす習慣が身についているのだそうです。ゲーム、マンガ、動画……独りでも退屈しませんから、とも言っていました。

ラジオでご一緒したドラマの脚本家が、「今の子は雑談力がない。だから男女の引き合う力も弱い」と話していましたが、語彙力とも関って、〝静かな若者現象〟は社会にどんな状況をもたらすか、目下の僕の関心事です。

故郷／郷里／郷土

繰り返しは語彙を貧弱にする

早稲田大学大学院政治学研究科のジャーナリズムコースで「文章表現」を担当していた際、学生の作文にこんな文章がありました。

気付けば私には、彼女と違って誇れる故郷がない。明治後半から大正にかけて『ふるさと』など故郷を歌った曲が流行したが、それは農村から都市への人口移動を背景としている。つまり、故郷とは離れて初めて生まれる〝概念〟なのである。幼い頃から東京を離れたことのない私にとって、東京はまだ故郷ではないのだ。

「故郷」が何回出てくるのか、思わず数えたほどです。せめて一回ぐらいは別の言葉にしたらと助言しましたが、「郷里」「郷土」「古里（ふるさと）」のうち「故郷」と同じ意味を持つのは……、と考えると、これが結構微妙なんですね。

問11

そこで問題です。故郷にまつわる「郷里」「郷土」「古里」のそれぞれの意味を考えてみてください。

『角川必携国語事典』の〈つかいわけ〉にはこうありました。

「郷里」は、生まれ育った土地をそこからはなれて生活する者がさしていう。「郷里は青森です」。「郷土」は、特別な伝統や芸能などをもつ土地としての地方。「郷土のほこり」「郷土料理」。「ふるさと」は、広く「郷里」と「郷土」にわたってさす。

つまり、「故郷」と同じ意味で使えそうなのは「郷里」だけなんですね。ただ、「故郷」生地、出身（地）、田舎、国もとなどと言い換えることはできます。

問12

では問題です。「故郷」「郷里」を辞書で引くと「自分の生まれ育った土地」とあります。あなたならこれをどう言い表しますか。考えてください。

答えはいろいろ考えつくと思いますが、例えば、

「私を見守り育んでくれた土地」

「山も川も友も私をやさしく迎えてくれる土地」

「父母が住む私の始まりの地」

「昔の名前（呼び名）で呼ばれる地」

などです。


どうですか、うまく出来ましたか。もしこれは独りよがりの表現かもしれないと思ったら、他の人にナゾナゾよろしくその言い表わし方を言ってみて、これってなんのことだかわかる？　と聞いてみてください。えっ、もう一回言ってみて、とかうーん何だろうなどと首を傾げられたら、もう一度練り直しですね。

ともかく一つの文章での同じ言葉の連発は避けるようにしましょう。

「同じ言葉を二度使っちゃいかん」

みなさんは永井龍男（1904〜1990）という作家の作品を読んだことがありますか。玄人好みの作風でしたから、若年層にはそんなに読まれていないかもしれませんが、文藝春秋社で編集に携わり、芥川賞の選考にもかかわっていた重鎮でした。無駄のない文章で知られ、短編の名手とも評されていました。

とにかく同じ言葉を使うのを嫌った作家で、そのあたりのことは国語学の早稲田大学名誉教授、中村明先生が著した『日本の作家　名表現辞典』で詳しく紹介されています。

海沿いに、幾つかの小さな温泉場が名を連ねている。

その中の一つで、山をすぐ背にし、町全体が坂になっているから、日陰の側の山林に、白く湯けむりが立ち、たちまち吹きちぎられるものも数本見える。汽車の終点から一時間ほど、バスで半島へ入ったところだから、沿岸の温泉町や漁場を縫う小汽船の往き来も、日に何回かある。

桜はすでに満開を過ぎていた。そこへ昨夜の吹き降りで、雨は止んだが風は相当強い。雲が多く、半島全体が照ったり曇ったりしている。海は一面の風波だ。

『風』という作品からこのくだりを抜き出して、中村先生は文章がくどくならないために主語や述語を省くなどの省略表現や文末表現の工夫、例えば「ている」の現在形、名詞＋「だ」など、同じ言葉を繰り返さない配慮を紹介しています。

くどくどとならない文章上の工夫について、永井氏は、「（原稿用紙）二、三枚のうちに同じことばを二度使っちゃいかんぞとね。短編に同じことばが出てくるのは興ざめで、なるたけ同じことばを繰り返さずに同じ意味なり感じなりをそこへ出そうと（以下略）」と中村先生に答えています。

問13

さて、問題です。永井氏が先の文章で文末表現も含め言い換えているのはどんな言葉ですか。

答えは、「海沿い」→「沿岸」「温泉場」→「温泉町」「ている」→「だ」となります。

何とも細やかな神経ですね。豊かな語彙とともに言葉の連なりに神経を払ってきたから、そういう言い換え表現や言葉の選択ができるんですね。自分の言葉不足は「話す」以上に「書く」ことでよくわかるものです。いずれそんな話も、と思っています。

思う／考える

「我思う、ゆえに我あり」はちょっと変では？

これまで意味・用法の紛らわしい類語を通して、その使い分けにふれてきました。「類は言葉を呼ぶ」と題して取り上げた類語のいろいろは、似たもの同士ながら微妙な違いを理解してもらうだけでも、あなたの言葉を選択する感覚が養われ、語彙力も増すと判断してのことです。この章の最後に使用頻度の高い類語「思う・考える」を取り上げてみたいと思います。

例によって角川必携国語事典のコラム「つかいわけ」を引くと、こうありました。

「思う」は、胸の中で単純な、一つの希望・意思・判断をもつ。「数学はむずかしいと思う」

「考える」は、あれこれと比較したうえで結論を出す。「数学の問題を考える」

なるほど、よくわかりますね。

お茶の水女子大学名誉教授だった外山滋比古先生は、ロングセラー『思考の整理学』をこんなふうに書き出していました。

――勉強したいと、と思う。すると、まず、学校へ行くことを考える。学校の生徒のことではない。いい年をした大人が、である。

先生が書くとおり、「思う」がまずあって、「考える」と続くのが一般的な思考の流れでしょうね。

どちらがピッタリしますか?

問14

「我思う、故に我あり」はフランスの哲学者、デカルトの有名な言葉ですが「我考える、故に我あり」だと間違いでしょうか。

「思う」はいろいろ想像したり、心配したり、情緒的で感情的ですが、「考える」は冷静かつ客観的に判断するなど論理的です。

そうだとすると「我思う……」いやいや、「我考える」となるわけで、著名な作家の中にも「考える」と書いてデカルトのその言葉を紹介している方がいらっしゃいます。そもそも最初の翻訳がどうだったのか、気になるところです。

ついでながら、思考力という言葉がありますが、僕の理解では「思」は心で「考」は頭です。そこに人間の精神活動の「知情意」を重ねて、頭は「知」、心は「情」ととらえ、「意」は頭と心の往復運動がもたらした意（意思）と理解しています。

そして今、つくづく思うのです。勉強というのは頭と心を往復する過程そのものだったんだなあと。

比較対照語法

対句表現を楽しんでみよう

対句というのは、意味の上で対応する言葉を並べる表現形式ですが、どこか類語の世界をスケールアップした感を覚えるので、この章でふれておきます。

「雨の降る日、日の照る日」

「生あっての死、死あっての生」

ともに対句です。何かの拍子に思いついたり、どなたかが使っているのが気に入って覚えたという言葉も少なくありません。その一つに、「新聞は『人間の問題』、週刊誌は『問題の人間』」があります。

これは後の「サンデー毎日」編集長に紹介して喜ばれました。

対句では現代詩作家の荒川洋治氏が高見順氏の作品を取り上げ、対句の一種の対照話法を紹介しています。毎日新聞夕刊（2015年8月17日）への寄稿で、「人間がそのなかで生まれてきた歴史、人間がそのなかで○○○○○地理」という言葉を引き、「シンプルだが、みごとな対照だ」と評していました。

問15

問題です。高見順氏のこの言葉、○○○○をうめてください。

答えは「生きている」です。

さらに荒川氏は「他の作家が文章なら、高見順は文法で書く人だといえるかもしれない」と続け、こう書いています。

「文章は特別な能力がいるが、文法はどんな人でもつかえる、とても庶民的なものだ。どこかの街のおにいさんが『おれの人生だよ。おれが人生だよ。あれ?』とかなんとかいうのと同じだと思う。文法は、本人もおどろくところへ運ぶ」

助詞一つでこの変化

助詞の一字違いで人間のありようまで変わる。なるほど文法は使いようなんですね。

最近、文章についての話を、と声をかけられ、学校の先生や保護者の集まりのほか、直接中、小学校へおじゃますることもありますが、そういうときの演題はたいてい「書く子は育つ」にしています。話の終わりに対句よろしく「寝る子は育つ、書く子はもっと育つ」と言ったりもしています。

文章で対句の妙を生かして秀でていたのは、日本の近代批評を確立した評論家の小林秀雄氏（1902〜83）ではないでしょうか。新潮社編で『人生の鍛錬　小林秀雄の言葉』が手元にありますが、対の表現法を借りた箴言がつぎつぎと出てきます。幾つかを紹介しておきましょう。

子供は大人の考えている程子供でないのは、大人が子供の考えている程大人でないのと同様である。

肉体が土という故郷を持っている時に、精神は伝統という故郷を持っている。

自己嫌悪とは自分への一種の甘え方だ、最も逆説的な自己陶酔の形式だ。

問16

問題です。次の○○とは何でしょう。

人間に何かが足りないから○○は起きるのではない。何かが在り過ぎるから○○が起きるのだ。

答えは、悲劇です。「事件」「問題」、「甘え」なんていう答えがあったかもしれませんね。

ことば
ナビ

時には原稿用紙に書いてみませんか

原稿用紙の由来ははっきりしていないのですが、20字20行４００字詰め原稿用紙は明治中ごろ以降に普及したようですね。文章の作法や書き方のルールも踏まえ、実によくできていると思います。一番上のひと升を空けて書き出すには重宝で、頭を低くして入るというエチケットにもかない、合点がいきます。

僕が原稿を書く上で気に留めているのは、ひとまとまりの内容の区切りとなる段落です。文章は書くべきことに一段落がついたところで、次の新しい段落へと移っていくわけですが、その際は、読み手にもその意図がわかるよう「改行」し、「1字下げ」で書きはじめる。こういう書き方に伴い、おのずと升目の余白は、読みやすいとか、わかりやすいといった感じを併せてもたらすのです。

書いた原稿を改めて読み直し、書き直すときは、「付け加える」より「削る」ことに力を注いでいます。ほどよく余白を作りたいからで、それはけい線を引いて升目を作っている原稿用紙作製者の意図にもかなっているように思われます。

日本の文化はよく「間」と一緒に語られます。人と人や物と物、さらには時と時にも間があり、「間を見はからう」というときの「間」は「ちょうどいい頃合い」の意味です。要は、引っ付きすぎず、適当な間隔を持とうというわけで、僕の原稿の「削る」――「余白」も、たぶんそういうことと関係しているのではないでしょうか。

削るは間引く作業でもあります。もともと文章は、筆者の培った土壌から芽を出し咲いた木々であり、花々です。その一本一本が生き生きとして、たがいの木や花が引き立てられるためには間がほしい。間引けば一本一本の木も花も、それまでより鮮やかに見えるのは確かなことです。

念のためにふれておきますが、日本語は本来、上から下へと書いていくもので、原稿用紙はその理にもかなっているんですね。

2 章

読み書き歌う

言葉のスキルアップはワクワク楽しく

読むだけで文章は上達する

「読み書きソロバン」といわれた時代がありました。この本では語彙トレーニングとして「読み書き歌う」を提唱したいと思います。

まずは「読み」、つまり「読む」からです。

問17

いきなりですが問題です。『雪国』の作者は誰ですか?

間違って演歌歌手の「吉幾三」と答えた人はいませんよね。いえ、いたんですよ、実際に。それも大学生に。もちろん、ここで私が求めていた正解は、ノーベル文学賞作家の川端康成です。『雪国』は彼の名作です。みなさんは読みましたか?

「国境の長いトンネルを抜けると雪国であった」

この書き出しを読めば、ああ、と思われる方がいるかもしれませんね。

『雪国』は1章で紹介の比較対照語法よろしく対照の妙に富む作品です。まずもって主人公の島村の住む東京と、駒子が暮らす雪深い温泉地は、国境の長いトンネルで隔てられています。駒子と葉子という美の対照も折々に描かれて感興をそそります。そして、裏山で若葉が匂いだすなど、雪国ならではの季節の移ろい……。男女の情欲を雪国の冷え冷えとした情景とともに清冽に描き出す叙述はさすがです。

一方で僕が気にとめていたのは、「悲しいほど美しい声」といった「悲しい」という言葉の用い方でした。何度出てくるのか、数えていて途中でやめましたが、とにかく「悲しい」の多用です。

「悲しい」古語は「かなし」です。古くは悲哀に限らず、切ない心情をも表し、「かなしき人」とは恋人、もしくは愛人もさしました。

問18

さて、問題です。日本語の「かなしい」は、「悲しい」のほかにどんな漢字があてられると思いますか。

答えは哀しい　愛しい　美しいです。これすべて「かなし」なんですね。日本語はこうして意味を深め、広げ、人々の感情表現を豊かにしてきたのです。

月1・1冊でいいはずがない

ところで、平成、令和もなんのその、昭和の歌謡曲は依然根強い人気です。BS、CSテレビをつければ懐かしい歌声が聴こえてきます。

思い返せば、戦後世代の学生にとっては本を読まずして日々はなく、ラジオの深夜放送の歌声を聴かずして夜はありませんでした。やがて続く世代が、文芸性豊かなフォークをつぎつぎと歌い上げ、大きなブームを巻き起こしますが、昭和歌謡はまだしも今日のような本離れが学生たちの間で起きるなどは、とても考えられませんでした。

月当たりの読書量は書籍だと1・1冊というデータもあるようですが、いやはや、そうなると言葉はどこへと案じられます。

僕は今も本がないとなかなか寝付かれません。寝床に持ち込める本が一冊あれば、穏やかな気持ちでいられるのは学生時代からです。夜の心の支えなんですね。

より伝わる平易な表現

よく読むのは、日常の人間心理を描いて巧みな本や、この男女はこの先どうなるんだろうと、登場人物のこれからに興味を抱かせる作品が多いようです。

そんなことが気になって読み続けた最初の本といえば、吉川英治の『宮本武蔵』でした。

求道とか澄明な境地とか、そんなことより武蔵とお通は結ばれるのかどうかばかり気にして、毎日、読んでいました。中学一年の夏休みのことで、家は本も売っていたので、人気漫画連載の雑誌や『平凡』『明星』などの芸能雑誌もたくさん店頭に並んでいたのですが、その年の夏は兄の本棚にあった『宮本武蔵』以外目もくれませんでした。

中年期、やはり〝ふたりはどうなるんだろう〟と気にしつつ読みふけったのは藤沢周平氏の『蟬しぐれ』です。幼馴染みの文四郎とふく（後に、お福さま）。

「文四郎さんの御子が私の子で、私の子供が文四郎さんの御子であるような道はなかったのでしょうか」

藤沢ファンなら、百も承知のお福さまのセリフです。

『蟬しぐれ』をはじめ他の多くの作品もそうですが、氏の表現は誰にもわかる言い回しで平易です。平易だからなおのこと物事の細部もくっきりと描出され、物語の主人公に共通する清朗さも感じられ、ますます藤沢ファンになってしまうんですね。

藤沢氏の友人だった井上ひさし氏にこんな名言があります。

「難しいことを優しく、優しいことを深く、深いことを面白く、面白いことを真面目に、真面目なことを愉快に、愉快なことはあくまで愉快に」

僕はよく思うのです。何も語彙力が必要だからと難解な言葉をどれだけ知っているかなどではなく、難解であれば別の言葉で平易に言い換えるというのが本当の語彙力では、と。

読解力を伸ばすにはなにより読書

と書いてきて、ますますもって若い人もぜひ読書を、と声を大にして呼びかけたくなりました。

ですが、若い世代にはこんな声があるんだそうですね。

「読まなくても困りませんから」

困る、困らないで人間は生きているわけではないのですが、結構こういう人、いそうですね。

ネット動画やゲームのほうがエンタメ感があり、本はそんなに面白くない。ビジュアル性にも欠けるし、マンガやアニメの世界ならすっと入っていけるけど本はちょっとと言ったりします。

よく聞く〝本を読まない弁〟ですよね。本には立ちはだかる壁のようなものを感じ、それを乗り越えてまで読んでみたいという気にはとてもなれない……。そんな声も聞きます。食わず嫌いという言葉にならっていえば、読まず嫌いという感もありですね。

「国際学習到達度調査」で日本の子どもの読解力低下がニュースになっていましたが、読解力を伸ばすにはやはり読書が一番です。設問の文章（長文）の意味がわからないと読み進められない。そこで意味を調べる。この流れが読解力、語彙力に繋がるんですね。というより、このことを抜きに読解力を伸ばすといっても限度があるでしょう。古典ってアップ・ツゥ・デートから外れているでしょ、ともっともらしいことをいう学生もいましたが、世界の、いや地球のありようにまでさかのぼって議論しなければならないであろう２０２０年来の新型コロナ感染拡大の問題も、カミュの古典『ペスト』を読んで多くを学んだという人がたくさんいます。古今東西の名作がいかに今日の世界が抱え込んでいる諸問題と関係しているか、ぜひ知ってほしいと思います。

先に紹介の藤沢周平氏は１９９７（平成９）年1月26日に69年の生涯を閉じますが、約26年間に２５０近くの小説を書いています。丸谷才一氏は次のような弔辞でその死去を悼みました。

「藤沢氏の文体が出色だつたのは、あなたの天賦の才と並々ならぬ研鑽によるものでせう。あなたの言葉のつかひ方は、作中人物である剣豪たちの剣のつかひ方のやうに、小気味がよくてしやれてゐた。粋でしかも着実だった。わたしに言はせれば、明治大正昭和三代の時代小説を通じて、並ぶ者のいない文章の名手は藤沢周平でした」

丸谷氏は群像新人文学賞の選考時に村上春樹氏の『風の歌を聴け』を強く押した作家ですが、押された村上氏は『村上さんのところ』で読者質問に答えてこう言っています。

「僕は一時期、藤沢周平さんの小説にはまりました。ずいぶん読みましたよ。面白いですよね。なにしろ文章もうまいし。戦後の日本の小説家の中では、安岡章太郎さんと並んで、いちばん文章のうまい人じゃないかな」

問19

さて、ここで問題です。丸谷氏の文章力を見抜く力はこの世界でも定評がありましたが、文章を上手に書くための方法を読者に聞かれ、「〇〇だけで上達するのが文章だ」と答えています（『日本語相談　二』）

「〇〇」に何が入るか、考えてください。

答えは、読むです。「読むだけで上達するのが文章だ」というのです。

その理由について氏はこう答えています。

「文章といふのは変なものですね。読むだけで上達するんだから。これはほかの藝と違ふところだと思ひます。たとへば名人が踊を踊るのをいくら見たつて、こつちがきれいに踊れるやうにはならない。唄だつて同じですね。ところが文章はただ読んでゐるうちに、自然とコツがわかつて来る。ですからとにかく読むこと」というわけです。

良い本との出会いが与えてくれるもの

文章力が身に付いていけば、語彙力も当然アップしていきます。映像で出来上がった場面を見せられるのではなく、本を読めば、作家の表現力とあなたの想像力が和して、物語がどんどん進んでいきます。その面白さをもっと体験してほしいのです。

あなたの想像を喚起させた言葉や表現は、必ずあなたの生き方、ひいては人生の糧となり、発する言葉にもおのずと厚みが増していきます。いい言葉だと思えばメモしておいて、後で何かの文章で書くなどすれば、語彙力向上に即つながります。読書量と語彙量が比例すると言われるのも、そんなインプット（読書）とアウトプット（書く）の相乗効果なんですね。あなたがあなたらしく生きたい、話したいと思うのなら、とにかく本を読みましょう。

良い本と出会えれば、たくさんのことが学び取れますが、丸谷氏は小説家の書く随筆を読んでは、とその特徴をこんなふうに列挙しています。

「目のつけ所が個性的である。普通の人が注目しないやうなことから話がはじまる。話の進め方が奔放で、いはゆる独断と偏見にみちてゐるが、しかし言はれてみればそれもさうだなあといふ気がする。さういふ気持になるやうに書いてある。堅苦しい言葉が使つてなく、ざつくばらんに書いてある。頭にすらすらはいる。イメージを上手に使ふ。たとへば景色の描写。新しい風俗の説明。さういふものが鮮明に差出されるせいで、読者としては眠気が覚める。退屈しない。冗談を言ふ。それもかなりきつい冗談を言ふ。まじめなのか、不まじめなのかわからないこともあるが、それでもどんどん理解が進行する」

問20

問題です。丸谷氏は小説家の書く随筆は、目のつけ所が○○的だと書いています。○○を埋めてください。


答えは、個性。目のつけ所が個性的だと指摘しているのです。

個性、そして独断と偏見に満ちている小説家の随筆、おすすめです。


朝の情報番組で紹介されていたことです。

女優の芦田愛菜さん（16）が映画「星の子」の完成報告イベントで、映画のひとつのテーマである「信じる」ということについて話していました。

「『そのひとのことを信じようと思います』って結構使うと思うんですけど、それがどういう意味なんだろうって考えた時に、その人自身を信じているのではなくて、自分が理想とするその人の人物像に期待してしまっていることなのかなと感じて、だからこそ人は裏切られたとか、期待していたのにとか言うけれど、別にそれはその人が裏切ったとかいうわけではなくて、その人の見えなかった部分が見えただけであって、見えなかった部分が見えた時に、それもその人なんだと受け止められる揺るがない自分がいるというのが、信じられることなのかと思ったんですけど、でも揺るがない自分の軸を持つのはすごく難しい。だからこそ人は信じるって口に出して不安な自分がいるからこそ成功した自分や理想の人物像にすがりたいんじゃないかと思いました」

どうですか。

先の丸谷氏の話じゃないですが、実に個性的でありながら、なるほど、とうなずける巧みな言い回し。深く感じて心を動かされました。彼女の読書好きは有名ですが、小さい頃から一日2、3冊は読んでいたそうで、今は年間80冊は読むそうです。

本を読むことがいかに語彙力をもたらし、自分の思いや考えをうまく人に伝えることができるようになるか、よくわかりますよね。

そうそう、その読書について、彼女は別の番組で「本を開けば自分の世界とは違う世界が広がっている。登場人物の体験を擬似体験できるのがすごく楽しい」と、これまた印象に残るいい話をしていました。

書く

語彙を増やすには書くのがいちばん

ひと口に「読み書き」といっても、読むのはともかく、書くのは苦手という声をよく聞きます。

書く。確かに読むよりは時間がかかるし頭も使いますよね。ですが、語彙力をつけるうえで書くはなくてはならない絶対の条件です。

学生時代、試験前になると、まとめるといって、問題に出そうなところをノートに整理して覚えたものです。書いて覚える。僕などは英語の単語なども書かないと覚えられませんでした。試験だ、テストだといっても、要はどれだけ理解し記憶しているか、その応用力が何より問われた気がします。

脳科学の本を何冊も読んで、記憶については勉強しました。著名な脳科学者に直接話をうかがったこともあります。

エピソード記憶と意味記憶

記憶は大きくふたつに分けられます。例えば彼女から初めてラブレターをもらったというような体験とかかわるエピソード記憶と、言葉によって覚える意味記憶があります。

エピソード記憶は、脳の大脳皮質の左右側面にある側頭葉に長期記憶として溜め込まれます。半永久的に消えないそうです。

意味記憶というのは、テストの前に一夜漬けで覚えるといったものです。これは海馬というところに2週間ほど蓄えられて消えていく運命にあります。でも、一夜漬けで覚える内容が、あとで重要とわかり、復習して覚え直すなど努力すると側頭葉に蓄えられ、ほぼ一生覚えていられるそうです。

脳がいかに記憶に値するかどうかにこだわっているかがわかる話です。そうだとすると、あのことを書きたいのに言葉が浮かばないといったときなどは、思い出すことのできる記憶をとっかかりに言葉を探し求めるというのも一つの手立てです。同時にその努力がおのずと語彙力にもつながるのではないでしょうか。

僕は大学や文章教室では、「思う」ことより「○○○○」ことを書くように、と言ってきました。

問21

問題です。「○○○○」とは何でしょう。

答えは、「思い出す」です。

「思う」だと、話が観念的になりがちですが、「思い出す」なら、体験したことがまず頭に浮かびます。それはエピソードも意味も持って具体的ですから描写もしやすい。ついでながら、文章は説明より描写です。描写すれば説明しなくても感じとってもらえる。こちらの言わんとしていることがわかってもらえるのです。

体験――気づき――普遍性

次に大切なのは、体験したことでどんなことに気づいたかです。これも作文の良否を決めます。ほー、そんなことに気がつきましたか、とこちらが感心するようなことなら、次の普遍性も期待できます。普遍性というと何か堅苦しい感じですが、要は社会一般に広く通じる言葉でまとめられているかどうかです。

論より作文。早稲田大学大学院のジャーナリズムコースでの授業で学生たちが書いた中から次の二編を掲載しておきます。他の文章本でも使用したことがありますが、教材にぴったりの作文なので、ここでも引いておきたいと思います。

ランドセル

Y・M

私が小学生だった頃のある日の放課後、鉄棒の下に置いておいたはずのランドセルが、遊んでいる間になくなった。仕方がないので、その日はランドセルなしで下校することにした。とぼとぼ歩いていると、制帽まであるかっちりした制服に、ランドセルだけ欠いた自分の姿がとても不自然に感じてきた。自分は周囲からどう思われているのだろう。他人の視線も気になる。私は、小学生なら持っているはずのランドセルを持っていない。

それでも歩き続けていると、徐々に自分の体と心が軽くなっていることに気付いた。どうしてあんなに重いものを毎日背負っていたのだろう。そのまままっすぐ帰る道をその日は遠回りし、ひたすらぐんぐんと歩いた。ランドセルがないことで、なんだか少し自由になった。

ランドセルはもう背負わないが、今は学歴や肩書きか。今でもランドセルをなくして真っすぐぐんぐん歩くことはできるだろうか。

ポテンヒット

S・S

手が痺れているのも忘れ、打球を見ながら一塁へ走る。「落ちろ」と思いながら一塁手前まで来た時、ジャンプしたショートのグラブをかすめて、ボールがグラウンドを弾んだ。三塁側ベンチから歓声が聞こえた。高校初めてのヒットだった。

打球には満足していない。全く芯を喰わず、練習してきた打球とは全く違う。言わば、鋭い打球をスタンドに叩き込むために、毎日、汗を流してきた。しかし、ベンチのチームメイトは、「よっしゃー」と言いながら拳を上げて喜んでいる。その姿を見て、自然と笑顔になれた。

自分一人で目指しているものは、意外と他人にとってはどうでもよいことかもしれない。しかし、目指しているものを達成できなくても、評価を与えられ、喜ばれると、そちらの方が重く感じられる。全ての「打球」が飛ばなくてもいいことを知った。

ポテンでもいいヒットだった。


読んでもらえればわかると思いますが、ともに個人的な体験を題材に、かつその体験を通して気づいたことを書き、さらにその気づきがどう社会とかかわっているか、普遍的な意味合いを見出そうとしている点がよくうかがえます。

僕は、体験こそが文章を生み育てる土壌だと思っています。作物という言葉がありますが、作文の文章も作物です。どんどん書いていい作物を、と願っています。

手紙だって君たちらしく

今、みなさんはネットにブログを書いて作品を発表することもできますし、アウトプットの面では恵まれていると思います。とにかく書く。書き出すとすらすらなんて人はプロの作家でもそうはいないでしょう。一字一句にみんな難儀しているんです。ですが、それが語彙力をきたえてくれるんですね。「書く」は文句なしに語彙トレの最上位にくるでしょう。

先日、大学での教え子から手紙の文末をどう書けばいいのか、と相談されました。田舎の高校時代の恩師に頼み事があっての手紙だそうで「お元気でいらしてください」と書いたものの、手紙だと改まった表現のほうがいいのかと思って、というわけです。

「末筆ながらますますのご健康を心からお祈りいたします」の決まり文句に季節感を入れて「向寒の折から」とか「時節柄」とか、いろいろあるんですが、僕は君らしい文面のほうが、相手に気持ちがより伝わるんじゃないかな、と言うと「そうですね」と一言あって、一時間ほどして、こんな文末を考えたとメールで送ってきました。

「あつかましい教え子だとお叱りを受けるかもしれませんが、お力添えのほど、よろしくお願いいします。

先生、いつまでもお元気でいらしてください」

もっともらしい文面よりこちらのほうが君らしくていいんじゃないか、と言ってきましたが、手紙を書くというのも、言葉にいろいろ気を使うでしょうから、結構ハードな語彙トレになるのは確かです。以前、学生から届いた暑中見舞いの葉書の一行目にこう書いてありました。

「先生、しょっちゅうお見舞いしなくてすみません」

手紙は自分らしく、時にユーモアをもって書くことです。

また、絵文字やスタンプでごまかせるメールやLINEでも、ちょっとした文章を送らなければならないことがありますよね。その時に気を付けなければいけないのは、えらそうな物言いや口癖などのチェックです。要は、もらった側に立って自分の文章をチェックするということですね。

ノーベル賞科学者たちの「ヤバい」考

さて、ここでぜひ紹介したい本があります。多士済々の顔ぶれによる『僕たちが何者でもなかった頃の話をしよう』と題した新書ですが、京都大学ｉｐｓ細胞研究所所長の山中伸弥先生と知人で歌人でもある京都大学名誉教授の永田和宏先生の対談は、昨今の言葉の問題にも言及されていました。興味深く、示唆に富む話なので長めに引用させてもらいます。

山中　永田先生は科学者である一方で、高名な歌人でもありますから、言葉への思いを鋭敏に持っていらっしゃると思います。同じ言葉でも、メールなどの目から入る文章よりもフェース・トゥ・フェースなら何十倍も多くのことが伝わると思うんです。「ありがとう」という言葉も、メールで「ありがとう」と言うのと、直接会いにいって「ありがとうー」「ありがとう！」と言うのでは、もう全然違います。

隣にいる人にメールで何かお願いするというのは、僕は最悪だと思うんですね。

離れていたら仕方がありませんが、隣にいる人とは、やっぱりじかに言葉で意思の疎通を図らないといけない。これは強く感じています。

永田　そうですね。やはり出来合いの言葉だけでは自分の思いを伝えられない。本当に思っていることを伝えるためには、自分の言葉をつくっていかなければならないと思うんですが、これが本当に難しい。

たとえば何でしたっけ？「ケバい」じゃなくて……美味しいとか、すごいという意味の言葉……「ダサい」、ちゃうわ、「ヤバい」か（笑）。今は何でも「ヤバい」で済ませてしまう。でも、それでは伝わらない思いがたくさんあるわけです。

（略）

会社でも、自分のアイデアを上司に伝えるとき、自分では当然、おもしろいと思っている。でも、その時点では相手の上司は、まだ何も知らないわけです。相手に面白がってもらうためには、単に「おもしろいんです」と言うだけでは、何がどうおもしろいのか伝わらない。まして、「ヤバい」ではもっとヤバいわけで（笑）。どうおもしろいのか、なぜ自分はおもしろいと思うのかを、相手の視点から話さなければ伝わらない。どこかで自己相対化というか、相手の立場に立って自分の話を組み立てなければ、自分の感じているおもしろさは、まったく伝わらないことになってしまう。それは出来合いの言葉では駄目なんですよね。

山中　「ヤバい」というのはほんと、あれ本当にヤバいですね（笑）。娘も会うたび「ヤバい」と言っていますが、いろんな意味がありすぎて、どの意味で言っているのかわからない。すごいときも「ヤバい」だし、危険なときにも「ヤバい」だし、なんかもう、あんな言葉が日本にもあるんだなと思いますけれども。英語にはないですね。

永田　美味しいも「ヤバい」でしょ。

山中　美味しいも「ヤバい」ですよね。たぶんおいしくなくてもヤバいと思います（笑）。

ある集まりでこの対談にある「ヤバい」の話をしていると、僕が毎日新聞夕刊で「昨今ことば事情」というコラムを連載していたことを承知していた同席の友人が〈「ヤバい」だけの会話〉と題して、次のようなメールを送ってくれました。

「ヤバい」だけの会話はヤバい

〈その1〉

犬の散歩中に男子学生3人の会話を聞いた。

A「それってヤバくね?」

B「やっぱヤバい?」

C「マジ、ヤバいだろ」

B「ヤバいかなー?」

A「何言ってんの? ヤバいって」

C「ヤバいに決まってんだろ」

B「……」

A「わかんねえ? お前の頭も相当ヤバいぞ」

Bに何でヤバいのか説明してやれ! と思って聞いていたが、その後もAとCはヤバいしか口にしなかった。

相当ヤバいです。

〈その2〉

動物病院で二匹の子猫の診察を終えて出てくると、玄関近くにいた女子高生が数人ゲージををのぞき込み、「ヤバ！」と言った。これは明らかに「ワー可愛い」のニュアンスだったが、その後の会話。

「チョーヤバいー！」

「二匹？　ヤバいよー！」

「えー、ヤバすぎるんですけどー」

「ヤバ、ヤバ」

そして一人が指を猫に近づけると、子猫がちょっと引っ掻いた。

「痛っ、ヤバい！」

「引っ掻くってヤバくない？」

「こっちの子ヤバいよ」

「急にさわったらヤバいよ」

「ヤバ！　バス出ちゃう！」

「ヤバい」が「可愛い」「おいしい」「素晴らしい」など、プラス表現として使われることについて、NHK放送文化研究所の専門家から、「『やばい』のプラス用法」は、形容する対象物の「ずらし」から発生したのでは、と教えていただきました。「外的に存在する人・物」から「内的な自分の心情」へとずらしたことによってプラス用法が生まれたのではないかというわけです。念のため。

先の友人によると、ほかにもいろいろあって書き切れないそうですが、最近気になるのは次の3語のようです。

「キレる」にもいろいろある。

マジギレ、ブチギレ、ガチギレ。最近ではカチギレもある。

マジギレ（本気でキレる）、ガチギレ（ガチ＝本気）がある。ブチギレ（ブチッとキレる）カチギレ（カチんときてキレる）。

「ボコる」

ボコボコにする。勉強しない子に対して、母親が子どもに「ボコるぞ！」とよく使っているらしい。

「フルボッコ」
パワー全開でボコる。大阪のおかんは「お前、覚悟せえよ、今日はフルボッコやからな！」とご亭主に言うらしい。

もっと語感を大切に

最近の日本語問題の一つに、語感抜きに言葉を使う日本人の言語感覚が指摘されています。これは若年層ほど目立つ傾向にあるようです。生前、ムックで丸谷才一、井上ひさし両氏が「豊かな言語生活」と題して対談していましたが、芝居もしていた井上氏が台本を書いていた当時、大和言葉の「洗う」、漢語の「洗濯」、外来語の「クリーニング」で、どの言葉を使うか迷ったことがあったそうです。微妙に語感が違いますよね。

問22

そこで問題です。やはり同じ対談で出てくる話ですが、「豊満な美女というよりも、〇〇〇〇〇女といったほうがピンとくる」とは井上氏の発言ですが、〇〇

○○○はどんな言葉だったでしょうか。

答えは、「ふくよかな」です。「肉感的な美女」のほうがピンとくる、と思った人もいたかもしれませんね。

語感、つまり言葉の持つ微妙なニュアンスですが、語彙は語感へのこだわりがあればあるほど増えます。その場にふさわしい言葉を選択する才は語彙力があってのものでしょうから。

歌う

「嵐」の歌にはヒントがいっぱい

大学で「文章表現」の授業を担当していた頃、学生たちと飲んでカラオケを歌う機会がありました。はやりのJポップを歌う学生のなかで、女子学生が一人、石川さゆりさんの「天城越え」（昭61／詞・吉岡治　曲・弦哲也）を歌いたいというので、ほーと思い、選曲の理由を聞いてみました。詞も曲も難しそうなので、カラオケで挑戦してみようと歌ったそうだが、けっこう歌い込んでいる感じで上手でした。

その席で耳にしたことですが、若い女性の間で坂本冬美さんの「夜桜お七」（平6／詞・林あまり　曲・三木たかし）も歌われているようで、僕にはそれも驚きでした。ジュリーこと沢田研二さんのファンだった父親が口ずさんでいた「勝手にしやがれ」（昭52／詞・阿久悠　曲・大野克夫）の歌詞がいいので覚えたとか、若い子のそんな話もブログで読みました。

語彙と歌――難しい話ではありません。歌は歌詞を覚えて歌うから、語彙が増すのです。耳から曲とともに入って直接ハートに触れる。これは強いですよね。

さて、僕にとって何だか嬉しかったのは2017年8月発行の文藝春秋別冊総特集『阿久悠 (没後十年) 時代と格闘した昭和歌謡界の巨星』で音楽クリエイター、ヒャダインさんが巻頭インタビューで、Jポップの歌詞について「例えばLINEでは短文で相手に伝わる言葉というか、意味に含みを持たせない、乾いた言葉が使われている印象です」とふれ、続けてこう話していたことです。

「世の中の人たちが、含みを持たせた言葉が理解しづらくなってきているし、僕たち作詞家も書けなくなっていると思います。その中で、若い子たちが阿久先生の曲を好んで歌うのは、豊かな含みを持った言葉への渇望なのかもしれない……と思います」

僕の場合は、原稿を書いていて、あれ、この言葉、阿久さんの歌詞にあったんじゃないかなあ、などと思うことがよくあります。そんな体験をすると、昭和歌謡には良い歌詞が多いと今さらのように思います。とりわけ深い心の動きを風景や男女の間に流れた時間とともに描いた作詞にはしばしば感じ入ります。

昭和歌謡の最盛期は、ケータイもメールもなかったし、俵万智さんがこんな短歌を詠んでいた時代です。

会うまでの時間たっぷり浴びたくて（　　　　）で新宿に行く

問23

問題です。（　　　）には何が入るのか考えてください。どんな手段で新宿に行くのでしょう。

答えは、各駅停車です。

これは短歌なので、この問題を出すとみんな指折り数えながら考えてくれるのですが、多いのは（バス乗り継い）でとか（自転車こい）で、ですが、（歩きに歩き）と言った人がいました。

いったいどこから新宿まで歩いたのか。会ったら汗まみれ、泥まみれでデートどころではありませんよね。

先にも言ったように、僕には自分の語彙のかなりの数が歌謡曲で耳に残り、歌うなどしているうちに覚えたという自覚があります。学生時代など、ラジオの深夜放送から流れる歌のフレーズにぐっときたときなどは、起き上がってメモしたこともありましたから。

音楽室から体育館へ

比して、昨今のJポップの歌詞はどうでしょうか。描写性より、平易な言葉の心情表現が多く、それだけノリやすい歌詞のように思われます。

いや、ここで歌謡曲VS・Jポップを書こうというのではありません。ありませんが、語彙トレの本なので言うのですが、Jポップの多くは歌詞自体が予定調和的にできていて、身も心も歌の世界にずっと浸るということはあまりありません。いや、そうだから体が動かしやすいわけで、音楽室から体育館へとステップを踏んでいるような感のある歌にはこと欠きません。

そんな反作用でしょうか、一方でボブ・ディランのノーベル文学賞受賞講演の言葉が蘇ってきます。

「歌は文学と違い、歌われるためにある。コンサートなどで、聴かれることを意図した歌詞を聴いてほしい」

直木賞作家のなかにし礼さんが、歌詞に込める情念を語って、「『歌う』の語源は『うったふ』、つまり訴える」という意味での「うったふ」ではないか、とよくおっしゃりますが、ボブ・ディランの「歌は歌われるためにある」と通じるものがありそうですね。

なかにし礼さんが「うったふ」に通じる情念を感じられたのでしょうか、歌番組で昭和の名曲10曲の中に入れ、「敬意を表したい歌です」と讃えた歌があります。それは先にもふれた石川さゆりさんの「天城越え」です。

歌い出しはこうです。♪隠し切れない　移り香が　いつしかあなたにしみついた……と続きます。

問24

さて、問題です。これは愛人、あるいは本妻のどちらの胸中を表現したものでしょうか。

本妻が正解です。

直木賞作家の桜木紫乃さんがこの歌にこだわっていたのを知っていたので聞いてみました。「本妻の香りなら夫にしみついていても隠す必要はありませんから、『隠し切れない』で本妻の視点に立った歌とわかります」と答えは明解でした。僕も納得です。ですがこの歌、激しさゆえか、愛人の歌と思って歌っている人、けっこう多いんですよね。

歌と歳時記の深い関係

ところでみなさんは歳時記など手に取りますか。僕は伊勢正三さんの作詞作曲で、かぐや姫の楽曲として1974（昭47）年にリリースされ、翌年イルカさんのカバーで大ヒットしたフォーク「なごり雪」が気になって歳時記で確認しました。

みなさんは、えっなぜ？　と思うかもしれませんが、僕には正確には「名残の雪」では、という疑問があったんですね。

調べてみると、その「名残の雪」とか、「雪の果て」「忘れ雪」などの言葉はありますが、どの歳時記にも「なごり雪」はありませんでした。
春の最後に降る雪を歌ってのことだとはわかるし、若い世代もよく知っているフォークの名曲ということも後押ししてのことでしょうか、２０１３年に日本気象協会が現代の季節感にあう「季節のことば36選」を選定した際、その一つに「なごり雪」が選ばれています。「の」などなくても意味はわかる、いいじゃないとなったのでしょう。歌の力をうかがわせる話ですよね。

問25

では問題です。「雪」のつく言葉、文中にあげたもの以外に10ほど答えてください。

答えは、粉雪　細雪(ささめゆき)　牡丹雪　淡雪　吹雪　風雪　雪明かり　雪下ろし　雪掻き　雪景色……　など。
ついでにといってはなんですが、中村雅俊さんの大ヒット曲「ふれあい」（昭49／詞・山川啓介　曲・いずみたく）というタイトルも、僕が愛用の『角川必携国語事典』では「ふれあう」はあっても「ふれあい」はありません。広辞苑では第1版（1955年発行）にはなく、第5版（98年発行）で①互いに触れること②ちょっとした交流――とあって、ちょっとふれた印象です。

「ふれあい」も当時の日本テレビ系ドラマ「われら青春！」の劇中歌「ふれあい」の大変な人気と歌の力があって辞書に載ることになったのでしょう。中村さんは東日本大震災の被災地の宮城県女川町出身で、被災後、街のみんなと「ふれあい」を合唱していました。テレビで見て、こちらも改めていい歌だなあ、と口ずさんでいました。

と書いて、また一つ思い出したんですが「氷雨」（昭52）っていう歌、とまりれんさんの作詞作曲で、日野美歌さんがカバーして大ヒットし、僕も好きな歌ですが、♪外は冬の雨……という言葉に、氷雨はひょう（雹）では？ と気になって調べてみました。

歳時記を見ると、雹（ひょう）はなんと夏の季語に入っていて、読みすすめると〈雪に雨が混じったものを「氷雨」という。冬の雪混じりの霰（あられ）や霙（みぞれ）とは別物〉などともあります。一方で、国語辞典などは「ひょう・あられ」としつつもみぞれまじりの秋の冷たい雨とある辞典もあり、混乱しますが、気象学上の定義はないようなので、氷雨＝冬の雨でいいんじゃない、と歌の良さから僕は大らかに判断しています。

俳句に親しんでいる人なら歳時記は毎日のようにご覧になっていると思いますが、目次の季語を見ているだけでその季節ごとの光景が目に浮かび、想像がふくらみます。俳句を作らないにしても、語彙トレの上では重要な教科書といえるでしょう。ぜひ歳時記を開いてみてください。

問26

では問題です。歳時記にのっている次の季語の季節を答えてください。

朝顔　田植え　ぶらんこ　メロン　日向ぼこ
海苔　西瓜　熊　蜃気楼　七夕

順番に見ていきましょう。朝顔　秋／田植え　夏／ぶらんこ　春／メロン　夏／日向ぼこ　冬／海苔　春／西瓜　秋／熊　冬／蜃気楼　春／七夕　秋　です。歳時記は旧暦なので、こういう答えになるんですね。

雨にもこんな雨がある

雨と歌心のそもそもは、と調べてみると、昔は長雨が続く梅雨などは、男の足も遠のく。待ちわびる女が秋の雨をうらめしそうに眺める長雨の「眺め」という言葉になったわけなんですね。

長雨は田植え時です。神の降臨を仰ぐこの時期は男と女が交わってはならない性的タブーもあったようです。

それが、雨とともに女心が歌われるゆえんなのでしょうが、それにしても昭和歌謡には雨の歌、それも切ない歌が本当に多い。

一方で八代亜紀さんの代表曲「雨の慕情」（昭55／詞・阿久悠　曲・浜圭介）は、♪雨雨ふれふれ……のサビのところに八代さんの陽気な振り付けで、ほんのりと明るさを感じさせてくれます。

もうひとつ「遣(や)らずの雨」（昭58／詞・山上路夫　曲・三木たかし）という川中美幸さんのヒット曲があります。

問27

問題です。「遣らずの雨」ってどんな雨でしょう。

答えは、「帰ろうとする人を、まるで帰さないためであるかのように降る雨」です。辞書にあるままの語釈です。一度「遣る」を辞書で引いてみてください。ああ、なるほどとよく理解できると思いますよ。語彙になかった人、結構いるんじゃないでしょうか。「雨か……まるで帰さないといったふうな遣らずの雨だね」とか、一度使えばほぼ一生忘れないで脳に刻み込まれるんじゃないでしょうか。

僕はＭＢＳラジオで元局アナの野村啓示さんと懐メロ番組をご一緒しているんですが、雨の風情が街から消えていってます、と嘆いていました。阿久悠さんも著作に「平成に入って雨の歌が激減している」と言っていたようで、確かにそんな気がします。

お天気ガイドの発達やビルなどの建築物が増えたため、軒下で雨宿りすることが減ったといった理由のほか、野村さんが付け加えた理由に思わず笑ってしまいました。

「コンビニへ飛び込めば、すぐ安いビニールの雨傘が買えますしね」

記者として最初の赴任地となった京都では、着物の裾を少し持ち上げ、町家の軒下で雨宿りしている和服の女性を車中から見かけましたが、そんな光景も今は昔です。

情景、心情描写はフォークで学べる

さて、「なごり雪」がはやった70年代初めにヒットしたフォークの多くは、情景描写とともに、登場する男女がいろいろさまざまに物語ってくれました。

多くの文章は自分と自分の周囲との関係性で、その中心にあるのは人・物・自然です。70年代フォークには、それをなぞったようなヒット作が目立ちます。例えば、「なごり雪」ならどうなるかというと、

人＝駅のホームで君を見送る僕
物＝時計を気にしているうちに動き始めた汽車
自然＝春に舞う季節はずれの雪

どうですか。情景のみならず、ふたりの心模様まで感じ取ることができますよね。

フォークの名曲「旅の宿」（昭和47／詞・岡本おさみ　曲・吉田拓郎）ですと、こうなります。

人＝浴衣姿の君と、すっかり酔っ払った僕
物＝ススキのかんざしをさした君が手にする熱燗徳利
自然＝宿から眺める上弦の月

70年代フォークの歌詞は表現力が実に豊かです。歌をご存知ならぜひ歌詞を口ずさんでみてください。改めて感心させられますよ。歌詞をご存知でないあなたは歌詞を調べてみてください。情景描写や物や自然に託した情感にきっと驚かされることでしょう。

南こうせつさんといえば「神田川」（昭和48／詞・喜多条忠　曲・南こうせつ）ですが、同じ喜多条さんの作詞で南こうせつとかぐや姫がその翌年歌った「赤ちょうちん」も情景描写にすぐれた歌で、映画化もされました。

問28

問題です。次の「赤ちょうちん」の二番の歌詞、（　）の中は何でしょう。

あなたと別れた　雨の夜
公衆電話の箱の中
（　）をかかえて　泣きました

答えは、ひざです。

この質問を数人の若い女の子にしてみたら、「旅行カバン」「ぬいぐるみ」ときて、「子ども」。もっと笑ったのは、「貯金通帳」でした。

さらに「赤ちょうちん」が歌われた時代もいつしか吹っ飛んで、こんな爆笑もんのやりとりもありました。

「携帯電話だ！」

「電話ボックスにいるんでしょ」

「充電切れたんじゃない？」

念のために断っておきます。「ひざをかかえる」は両腕にひざを抱きかかえることで、寂しくしているさまを言います。一般に「胸にかかえる」とか「胸にしっかり抱きとめる」などの表現はありますが、「何をかかえる」と問われて、物に関する言葉が多いというのは、いかにも今日的ですね。

ところで「赤ちょうちん」が「赤提灯」と漢字でかかれていたら、何か堅苦しくなりますよね。平仮名のほうが風情があり、この歌の世界のドラマ性がより感じられるように思います。

漢字イコール教養の世代は昔のことです。平仮名のやわらかさは大切にしたいと常々思うのですが、パソコンで原稿を打つせいでしょう、「只管（ひたすら）」「頗る（すこぶる）」「殆ど（ほとんど）」などと文中に出てくると、思わず言ってしまいますよね。大和言葉を大切にしろ！ 司馬さんは「思う」も「おもう」と書いていたんだ！ と。

問29

ではここで問題です。難しい次の漢字、平仮名まじりで言い換えてください。

婉曲／全貌／危惧／忖度

答えはこうなります。

婉曲　遠まわし、それとなく／全貌　全体のようす／危惧　心配し恐れる／忖度　推しはかる

さて、歌に話を戻しましょう。歌を聴いてああ、いいフレーズだなあ、と心に残った言葉はみなさんにもたくさんあると思います。

今なら「ヒゲダン」こと「Ｏｆｆｉｃｉａｌ髭男ｄｉｓｍ」のヴォーカルとピアノを務める藤原聡さんの音作りと言葉選びに共感する人はたくさんいると思いますが、僕は「レモン」で大ブレークした米津玄師さんの歌詞にハッとすることがあります。

あるテレビ番組で米津さんは歌詞を書く上で特に影響を受けた人は？　と聞かれると、宮沢賢治だと答えていました。『春と修羅』には多大な影響を受け、そこに描かれているけなげさや目に浮かんでくる風景は、自分の中に深く根差している、と語っていました。

米津さんの詞がどれも詩的でレトロな雰囲気を感じさせるのも印象的です。

僕自身は、阿久さんの作詞に多々魅了された世代ですが、中でも沢田研二さんが歌った「サムライ」（昭53／曲・大野克夫）のダンディズムは鮮烈でした。歌い出しはこうです。

片手にピストル　心に花束
唇に火の酒
背中に（　　）を

問30

では問題です。さて、背中には何でしょう。（　　）を埋めてください。

答えは、人生です。

若い人の多くは（タトゥ）または、「サムライ」なので（刃）と思うようです。大阪の知人のオバチャンはすかさずこう言いました。

「ジュリーやろ、パラシュートやん」

さすがです。

ところで、あなたは仕事や人生で行き詰った時、背中を押してくれる言葉を持っていますか。「雲の向こうは青空だ」と思えば、それで何とかなるという友人がいます。

年代性別を超越する言葉

その点、人気アイドルグループ「嵐」の歌には背を一押し二押ししてくれる歌詞がいっぱいあります。僕の背中を押してくれるのは、ロックの矢沢永吉さんがステージから声をかけるように言う「一瞬のハッピーがあったら、また走れるよね」の一言ですが、それはさておき「嵐」のことを書きましょう。

数年前まで僕は東京、大阪の小学生相手に学校で文章教室を開いていましたが、最初、「作文って文を作ることですが、文とか文章ってどういうことなのか説明しておきますね」とボードにこう書いたところ、授業になりませんでした。

私は（ネ）嵐の（ネ）ニノが（ネ）好きだ。

そのうえで、この文は「私」から「好きだ」まで4つに分かれます。（ネ）を入れてみるとよくわかります。分かれているその一つ一つは節（せつ）といいます――ですからこの一つの文は4つの文節つまり4文節からできていることになります。と話し始めたのですが、それから先の話がみんなのブーイングの嵐で授業ができなくなったのです。

「ニノ（二宮和也）より相葉ちゃん（相葉雅紀）がいい」「私は大野（大野智）クン」「翔（櫻井翔）クンのほうがいい」「ちがう、松潤（松本潤）」と全員の名前が次々とあがり、教室は騒然となりました。みんなそれぞれにファンがいて譲らないわけです。「ニノ」と書くのをやめて「嵐の」「5人が」と書き直しました。

こんなこともありました。文章教室のお手伝いをしてくれていた人が、櫻井クンの「櫻」を「桜」と書き間違えました。その途端、ブーイングの嵐。改めて「嵐」の人気を思い知った次第です。

本当に「嵐」の人気はすごい。1999年にデビューして以来、年代性別を問いません。日本だけでも何百万人といるのではないでしょうか。かくいう僕も、いい年をして嵐の5人と彼らが歌う歌に心を弾ませています。ひと区切りの旋律にキャッチーなフレーズが和して、言葉がヘンな意味の壁をつくっていないんですね。いい年をして、いや、へたばりかけた年代には、またそれなりに心に響くものがあり、年を忘れて聴き入ることがあります。

きっかけになったのは「Ｂｅｌｉｅｖｅ／曇りのち、快晴」という曲です。ある日、見るともなく見ていた歌番組に「嵐」が出てきてこの曲を歌い始めました。

昭和歌謡は歌詞一つ一つの意味が深く、歌それぞれに物語のつらい現実が織り成して立ち行かず、それだけに十分ソウルフルです。文芸性もありです。

あの５人がくれるメッセージ

比してＪポップ、とりわけ「嵐」の歌は特有のサウンドとノリの良さもさることながら、歌詞が身も心も前へと動かしてくれるのです。

「輝きすぎる明日」とか「何もが変わるような気がしすぎ」とか、いろいろ言う人はいても、とにかく元気をくれる〝元気ソング〟、気持ちを前向きにしてくれる〝前進ソング〟は、人の心の扉を叩こうにも叩けない人たちをも抱え込んで、活動休止後もわだちは消えることなく続くことでしょう。

僕は人にドイツのことわざの「にもかかわらず笑う」って大事だよと言いながら、世の中の笑えない事態には眉間にしわが寄ってしまうことがたびたびあります。でもそんな時は鏡の前で「♪散々な日も～最高級のスマ～イル」と歌い、「スイ　スイ」と付けます。これは「嵐」の「Ｔｒｏｕｂｌｅｍａｋｅｒ」の歌詞ですが、「スイ　スイ」と言うのは正しくは「ｓｗｅｅｔ　ｓｗｅｅｔ」と歌っている箇所です。でも「スイ　スイ」と聞こえるので、つい「♪スイ　スイ　スーダララッタ　スラスラスイスイスイ」と植木等が歌った昭和の大ヒット曲、「スーダラ節」を思い出し、より気持ちが軽くなっていくので、「♪スイ　スイ」と上機嫌になって歌います。

「Ｔｒｏｕｂｌｅｍａｋｅｒ」には「♪あっけらかんでいいんじゃなーい？」という言葉がありますが、この言葉もちょっと「スーダラ節」を思い出させ、つかまれますが、「嵐」の歌の大きな特徴はこのように言い切ってしまうところにあるのではないでしょうか。

「Ｈａｐｐｉｎｅｓｓ」は〝元気、前進ソング〟のトップによく挙げられますが、歌番組で櫻井クンが会場やテレビカメラに向かって、「さあ、みなさんご一緒に！」と声をかけるほど知れ渡っている曲です。「♪向かい風の中で」の出だしから、こうすれば変わる時が来る、と言い切っています。そして「きっと待ってるから」「何も恐れないで」と何の迷いもなくハッキリと言うわけですから、ファンには心強いかぎりでしょう。

〝言葉の誠実さ〟って？

顧みて、生きて行くことに対して大丈夫だ！　と鼓舞してくれる大人が周りにいましたか？　今ならいますか？　本当は僕ら大人がその役割を担って、きちんと伝えてこなければならなかったことなんですよね。

時代がどうあれ、本当に大切なものは何なのか、彼らの歌にはそれが描かれていますす。以前、「嵐」の熱烈なファンの女性からこんな文面のメールをいただいたことがあります。

「嵐の歌には、寄り添い、手を差し伸べてくれる優しさやぬくもりが感じられ、気持ちがいつも軌道修正されるんです。きっとあの5人が歌うから、その歌詞（言葉）の純粋性を信じることができるのではないでしょうか。その詞が生きて心にふれてくるのは、彼らは言葉の持つ力をそのまま伝えることができるアーティストだからではないでしょうか」

〝歌声になった言葉の誠実さ〟が、心のこもったメッセージとしてちゃんと届いているんでしょうね。

「嵐」の歌を補完しているもう一つの表現がラップです。

「嵐」の曲の一つの特徴と言えるほど、ラップが挿入されています。ラップはビートに乗せて一人、あるいは複数のメンバーが即興の歌詞（リリック）をどんどん歌っていくんですが、櫻井クンの作詞するラップの語彙は豊かですね。

次に引用するのは「Ｂｅｌｉｅｖｅ」のラップ部分です。

問31

問題です。○の中に別の漢字を一文字ずつ入れてください。

頭上に○然とはためく　○然とした夢を掲げ
この道の先はまだまだ見えず　失敗からしか何一つ学べず

空の向こう越えるための　この人生の抑揚
あの頃の未来向かい　時代に期待せずも進む　my　life

答えは、悠　漠　です。
ラップは悠然、漠然というように同じ韻の言葉が並ぶ面白さが楽しめますが、「嵐」の曲のラップ部分を抜き出してみて意味を把握していけば、相当語彙力がつきますよ。

問32

では、ここで問題です。先程の悠然、漠然のように下に「然」のつく言葉を10個答えてください。

歓然（かん）　泰然（たい）　毅然（き）　漫然（まん）　悄然（しょう）　慄然（りつ）　艶然（えん）　憤然（ふん）　瞭然（りょう）　煥然（かん）……。
その他「然」のつく語彙は数多くあります。今ここに挙げたものは、全て状態を表わす言葉です。

問33

重ねて問題です。これらはそれぞれどういう様子を表わしていますか？

答えはこうなります。

歓然――よろこぶさま　泰然――ゆったり落ち着いているさま　毅然――物にどうじないさま　漫然――とりとめなくぼんやりするさま　悄然――しょんぼりするさま　慄然――恐ろしさに震えるさま　艶然――あでやかににっこりするさま　憤然――急に激しく怒るさま　瞭然――はっきりして疑いようがないさま　煥然――光り輝くさま

問34

それでは「嵐」関連でもう一つ問題です。「自然」という言葉、みなさんはどう解釈しますか。

答えはこうなります。

「人や物がもとから備わっている性質のままの姿を見せていること」

「動作や態度がわざとらしくないこと」

それぞれにまっとうな解釈に思われますが、中国由来の漢語（漢字二字以上からなる「音読み」の言葉）ですから、僕は「人為の加わらない状態」ととらえて〝自ずと然なり〟すなわち〝あるがまま〟〝そのまま〟との解釈を優先させたいと思っています。

自然な言葉が持つ力

活動休止も近いなあ、などと思いつつ、「嵐」の番組を見るのですが、彼らはいたってあるがまま、そう自然なのです。

ある番組で「嵐」の大ファン数人が、「嵐」の5人とともに「嵐」にまつわるクイズに挑戦して、一人の男性が優勝した時のことです。

「『嵐』の5人と一緒に記念撮影していただきます！」と言われると、その男性は「エッ、明日から何をすればいいんですか？」と我を忘れるように言いました。すると櫻井クンがすかさず「普通に過ごせばいいって」と笑い、「明日は明日であるんだから」と二宮クンが受けたんですね。

「普通」「明日は明日」――これらの言葉はいかにも「嵐」です。

彼らの歌は「今」「信じる」「自分は自分」「大丈夫」「笑って」「花」「夢」「道」「未来」……といった言葉そのものが、もともと持っている力を自然な感じで生かしています。加えて彼らは「明けない夜はない」とか、「振り向いても明日はない」といったフレーズも盛り込んで、ファンに寄り添ってきたのです。

再び「嵐」が戻ってきたら、自然な、そうです、〝あるがまま〟〝そのまま〟の彼らにファンは安堵の思いを抱いて眺めることでしょう。きっと。

いや、これは老いた僕の願いでもあります。

ことば
ナビ

AIと阿久悠さん

人工知能（AI）が作った詩がテレビで紹介されていました。大量の言葉からテーマに即して選んだ単語の羅列という印象ながら、一語一語をうまくつないで流れをつくれば、いっぷう変わったメルヘンチックな詩になりそうにも思えました。

その番組を見つつ、阿久悠さんの顔を思い浮かべていました。演歌からJポップ風のものまでジャンルにさしてとらわれることもなく、生涯に5000曲の歌詞を書き、シングルの累計売り上げは6800万枚にのぼるそうです。

その作詞法は著書『作詞入門　阿久式ヒット・ソングの技法』でいろいろ明らかにされています。乱読とか、1日1テーマのコラムのすすめなどのほか、僕はボキャブラリーを豊かにという「連想ゲーム」法が語彙力の面でもとくに興味深かったです。これは、一つの言葉からどのくらいイメージを広げられるかという遊びのすすめでもあり、なるほどと思わされました。

1970年に森山加代子さんが歌った初期の代表作「白い蝶のサンバ」を例に、「蝶とは、いったい何なのか」と問い、思いついた言葉を次のように書き出しています。

浮浪者。短命。はかない。ホステス。ストリッパー。虫。標本。コレクター。マダムバタフライ。花畑。弱い。誘惑。貴族。売春婦。刺青。ステンド・グラス。灯。パリ。ニューギニア。靴下どめ。モスラ。ミヤコ蝶々。原色。快楽。溺れる。

これら一連の言葉からどんどんイメージを広げ、適切な言葉を曲にはめ込んでいく技法で、森山さんが「あなたに抱かれて　わたしは蝶になる」と歌うポップな歌謡曲は当時話題になり、大ヒットしました。

阿久さんは自分の心の中や頭の中には「歌謡曲の言葉がゴチャゴチャに入っています。玩具箱です」と別の著書にも書いています。5000曲の作詞というのは、氏の作詞法からみても大変な数の言葉を要しただろうと察せられます。頭の中に詰め込まれた言葉たちは、今か今かと出番を待っていたのではないでしょうか。

若手の音楽プロデューサーの間で、AIの作る音楽がよく話題になるそうです。阿久さんが健在だったら「作詞AI」に競争心を燃やす場面があったかもしれませんね。

3 章

表現力と話力

現場で生きる“語彙の豊かさ”とは

感情表現

気持ちをどう読み取るか、どう伝えるか

司馬遼太郎さんは日本文化二千年の所産としての国語力の向上を強く訴えていた作家でした。21世紀を生きる人々への思いを込めた文集『十六の話』で「なによりも国語」と題して「文章語として語れ」と強調し、こう続けています。

ふつう、生活用語は四、五百語だといわれる。その気になれば、生涯、四、五百語で、それも単語のやりとりだけですごすことができる。ただ、そういう場合、その人の精神生活は、遠い狩猟・採集時代とすこしもかわらないのである。
言語によって感動することもなく、言語によって叡智を触発されることもなく、言語によって人間以上の超越世界を感じることもなく、言語によって知的昂揚を感ずることもなく、言語によって愛を感ずることもない。まして言語によって古

今東西の古人と語らうこともない。
ながいセンテンスをきっちり言えるようにならなければ、大人になって、ひとの話もきけず、何をいっているのかもわからず、そのために生涯のつまずきをすることも多い。

本書がテーマとしている語彙力と深く関係する内容ですが、さしあたって僕らは人間関係において自分の気持ちを相手にどう伝えるか、また逆に相手の気持ちをどう読み取るか、つまり感情表現に伴う理解力が問われているわけです。

ですが、そう難しく考える必要はありません。人間の喜怒哀楽は何より顔に表れるからです。この際、「目をみはる」「眉をつり上げた」などといった感情表現を学んでおきませんか。

今からある場面を想像してもらいましょう。

一人娘が「結婚したい人がいる」と両親に言いました。聞けば30歳も年上で、子どもも一人いると言います。あまりの突然の話にお父さんもお母さんもビックリ仰天です。

問35

・さあ問題です。この時のお父さん、お母さんの目の表情を描写してください。

いろいろ思いつきますね。

・目を白黒させている
・目をしばたかせている
・目を丸くしている

などがあります。

できましたか？　あなたならではの表現があったかもしれませんが、誰が聞いてもすぐにわかる感情表現も学んでくださいね。

問36

・続いて問題。では、口はどうでしょう。このお父さん、お母さんの顔を思い浮かべて、驚いている時の口や声の描写をしてください。

こちらのほうが、少し難しいでしょうか。

・「エっ」と一言言ったきり言葉が出ない
・ポカンと口を開けた
・半開きの口がそのまま固まっている

などが思い浮かびます。

さて、お父さん、お母さんにとっては晴天の霹靂(へきれき)です。正気に戻ったお父さん、お母さんは猛反対。お父さんは怒り出します。

問37

問題。お父さんはどんな目をして怒っているのでしょう。描写してください。眉も考えてみましょう。思いつくかぎり挙げてください。

目にまつわる表現はいろいろありますよ。

・目をむいて怒っている
・目の色を変えて怒っている

・険しい目をして怒っている
・眉を吊り上げて怒っている
怒るとなると、こんなところでしょうか。
そしてお父さんはこう言います。「何言ってんだ。30も年上?! 俺と同い年じゃないか。子ども一人? ダメダメ、絶対にダメだ!」

問38

問題。お父さんがこの言葉を発した時の口調や口もとの様子を表現してみてください。いくつでも構いません(例 大声を上げた)

答えは、みなさんの想像力次第でいくらでも出てきますね。
・吐き捨てるように言った
・いらだたしげな物言いをした
・怒鳴り上げた
・冷淡に言い放った

・唇をとがらせた

などが典型例でしょう。

娘さんはいかにその人が素晴らしい人かということ、子どもも自分にとてもなついているということなどを懸命に話しましたが、お父さんは聞く耳を持ちません。娘さんはしだいにつらく悲しい思いになります。

問39

・問題です。この状況での娘さんの目を描写してください。泣き出したという設定でも構いません。

こちらは、お父さんの目とはずいぶん違うはずですね。

・目を伏せている
・一点を見つめている
・今にも涙があふれそう
・目に涙をためている

などが思い浮かびます。

そして「私は本気よ。許してくれないなら家を出ます」と娘さんは言い出しました。

問40

問題。娘さんはこの思いをどんなふうに言ったのか、口調や唇、声、喉などの描写をそれぞれ考えてください。

娘さんの性格にもよりますが、あなたはどんな答えを挙げましたか？

・きっぱりとした口調で言った
・淡々とした口調で言った
・唇をふるわせた
・声にならない声で言った
・喉の奥からしぼり出すようにように言った

などでしょうか。

お父さん、お母さんも娘がそこまで言うのなら、一度会うだけでも会おうということになり、ある日娘さんが相手の男性を連れてきました。なかなかの好人物で、お父さんは同い年ということもあり、すっかり打ちとけて、どうやら結婚のお許しが出たそうです。

娘さんと台所に立っていたお母さんはその様子を見て、娘さんに「よかったね」と言います。

問41

問題です。この時のお母さんの顔全体の表情を描写してください（例「よかったね」と嬉しそうに笑った）。

今度はお母さんについてですね。

・顔をほころばせた
・柔和な表情を浮かべた
・安堵の表情になった
・ほっとしたように笑った

といった答えが多いのではないでしょうか。

対立語で考える

どうでしたか？　いろいろ思いつきましたか？　これらの感情表現は関係者の精神状態を、明・暗／快・不快／鋭・鈍／緊張・緩和／平穏・不穏／疑問・解決……といったぐあいに対立語で推察して言葉を当てはめるのが何よりかと思われます。そうして語彙を増やしていけば、もっとあなたならではの言葉が見つかり、いろいろ表現することができるようになりますよ。

僕は新聞記事で、「〇〇〇〇」とにっこり／「〇〇〇〇」と沈痛な表情……などには他に表現の仕方はないのか、と思ったものです。といって新聞は短文で独特の文体ですから、感情表現は決まり文句的な言葉がおさまりやすいようで、難しいところですね。

ところで、みなさんは作家の文章から抜いた『感情表現辞典』を手に取ったことがありますか。すでに紹介の『日本の作家　名表現辞典』と同じく、国語学の早大名誉教授、中村明氏の大変な労作です。

語句編、表現編に大別されていますが、それぞれ〈喜・怒・哀・怖・恥・好・厭・昂・安・驚〉の分類で、出典一覧には「一九七作家＝八〇八作品」と記されています。

参考まで。

比喩表現

的確な言葉はここから生まれる

なぜ比喩表現が語彙トレになるのか、疑問を持たれる方もいるでしょうから、その点から説明しておきます。

語彙トレが目指すのは、もちろん語彙力のアップですが、一つ一つの言葉や類語といっても持ち得る意味にはおのずと限界があります。その場合、別の物事の特徴になぞらえて意味がよりわかりやすく伝わるように言い換えることも必要です。簡単に言えば、アダ名などがその典型です。

以下の内容は、先の感情表現と同様、語彙トレの応用編と理解してもらえれば幸いです。

比喩には言葉の効果的な活用になる修辞法（レトリック）があります。直喩（シミリー）と隠喩（メタファー）の表現法が主ですが、直喩は「～のようだ」と表します。

叙述的です。隠喩は「～のようだ」を使わないで、例えるものと例えられるものを直接結びつける表現法です。詩的です。

赤、バラ、唇の3語を用いて直喩、隠喩を書き分けるとこうなりますね。

直喩「赤いバラのような唇」

隠喩「赤いバラの唇」

他にも「白魚のような指」は直喩で、「雪の肌」は隠喩となります。

僕らは年齢とともに常識的で無難な表現を選択しがちです。感覚が鈍るせいもあるでしょうか。ですが子どもたちは、大人には思いもよらないことを言ったりします。言葉が感覚的で空想的なんですね。ですから、例えて言うのは想像力がふくらむので楽しいという子もいます。

子ども性を生かそう

詩人の谷川俊太郎氏は、やはり詩人の和合亮一氏との対談本『にほんごの話』で子どもっぽい（childish）と子ども性（childness）を使い分け、詩は子ども性を開放して書くことが多い、と次のように話しています。

「『子どもの感性』という言葉自体、大人の失ったものを表わしているわけでしょう。子どもはある意味では大人より鋭いし、豊かだってことはあるんですよね」

谷川氏の次の「ほほえみ」と題した詩など、その子ども性が感じられます。

問42

問題です。次の詩を読みながら○に漢字一文字をそれぞれ入れていください。

ほほえむことができぬから
青空は○を浮かべる
ほほえむことができぬから
木は○にそよぐ

ほほえむことができぬから
犬は○をふり――だが○は
ほほえむことができるのに

時としてほほえみを忘れ

ほほえむことができるから

ほほえむことで○をあざむく

答えは、雲／風／尾／人／人　となります。

僕は毎日新聞の「近藤流健康川柳」と共催のＭＢＳラジオ「しあわせの五七五」に選者として出演したり、全日本川柳協会の顧問を務めている関係で、子ども川柳も楽しんでいますが、常套語にとらわれていない奔放な感覚の作品によく出合い、おー素晴らしい！　としばしば感嘆の声を上げてます。

滝の水うそやうそやと落ちている

ＭＢＳラジオへの女の子の投句だったと思いますが、「うそやうそや」にはどきりとしました。僕らの想像を超える擬音ですよね。

全日本川柳協会が近年に主催の子ども川柳への応募作品で、感受性豊かな何句かを紹介しておきましょう。

ヨーイどん今日の自分をおっかける（小5）
えんぴつとけしごむまるで父と母（小5）
またあそぼそのひとことがうれしいな（小1）
草原の空気すったらおちつくね（小4）
山々がきれいな秋に着物きて（小4）

数年前までやっていた毎日小学生新聞主催の「親子で学ぶ作文教室」では必ずこう言っていました。

「当たり前と思っていたことの裏側に潜んでいた不思議を発見すれば、それはもはや当たり前ではありません。みんなが当たり前だと思っていたことだから、なおさら興味を引きます」

その続きで、芥川賞作家の川上未映子さんがエッセイ集『世界のクッキー』で「境目が気になって」と題してこんなことを書いていると紹介すると、後方の席のお父さん、お母さんと一緒に子どもたちもうなずいていました。

お皿の上の料理は「いただきます」と声を掛けてありがたく口へ運ぶのに、食べ残された料理はそのままゴミ箱へ入ってゴミとなる。唾(つば)も口の外に放出されると汚物になる――。

「○○はえらい」に挑戦

2014年に104歳で亡くなられた詩人、まど・みちおさんの「おならはえらい」は世に知られた詩ですが、やはり不思議発見に似た気づきがあり、心がつかまれます。

おならは　えらい

でてきた　とき
きちんと
あいさつ　する
（中略）
せかいじゅうの
どこの　だれにでも
わかることばで・・・

まどさんが70代半ばだった1985年の作品ですが、小学校で開く作文教室などでは「〇〇はえらい」に挑戦してもらっていますが、子どもたちは大喜びで原稿用紙に向かってくれます。

マネキンはえらい
おみせの前で
好きじゃない服着せられても

気取ったポーズで
毎日を過ごしていく
マネキンはえらい

信号はえらい
赤黄青だけど
人の命を守る
色だけで
今のじょうきょうを伝える
信号は　えらい

ともに小学5年生の作品ですが、提出された作品はすべて子ども性全開、語彙力向上の最高の授業になるように思われたものです。こういう視点から言い換えて楽しむ創作詩は国語の授業でもぜひ取り組んでほしいですね。

「○○はえらい」は、みなさんへの問題としても大変意味があります。

問43

では問題です。「語彙はえらい」と題してその詩をぜひ考えてみてください。

ちなみに語彙力そのものも表現の仕方はいろいろです〈語彙力がある・ない／語彙力にたけている・乏しい／語彙力を伸ばす・きたえる・育てる／語彙力が高い・低い／語彙力が向上する・低下する〉

ですから語彙力とはその人が持っている単語の量と質のほか、使いこなす能力のことをいうわけです。使いこなすとなると、単に言い回しや言い換えを上手くやればいいというわけではありません。「その場」「その人」を的確にとらえた言葉の選択が求められるわけです。

「語彙はえらい」の詩ができたら、ぜひ誰かに読んでもらいましょう。また語彙の箇所を○○として、それが何か当ててもらうのも面白いですよ。

説明はいらない。描写せよ

表現する際、心がけてほしいのは、つらかった、うれしかった、おかしかった……といった説明ではなく、そうですね、あなたが動画の製作者にでもなったつもりで描き出す。別の文章本でも紹介していますが、こんな作文があります。

> 母とけんかをした。それからというもの、母はしばらく口をきいてくれなくなった。一緒にご飯を食べている時も、お笑い番組を見ている時も、二人共、だまったままだ。いつもなら、家族の笑い声が聞こえてくるのだが、なぜか今日は静まりかえっている。
>
> ただ、テレビから笑い声が聞えるだけだ。

母校の中学で作文教室を開いた時に「つらい」をテーマに書いてもらったものですが、こんなふうに説明せず、つらい胸中を描き出す。これが描写なんですね。見たり聞いたりしたときに、自分の心に深く刻まれた〝感じ〟を他の人にもわかるように表

わすことを心がけてください。

ところで、みなさんは「むなしい」ということを実感したことがありますか？

①意味や中身がなく、満足を得られない。

②効果がなく無駄である。

手元の辞書にそうありますが、村上春樹氏の作品にはこんな比喩表現があります。

「大学でスペイン語を教えています」と彼は言った。「砂漠に水を撒くような仕事です」（『1973年のピンボール』）

この胸中、察しがつくので、文章本のほか、普段の会話などでもよく使わせてもらっています。伝わってくるものがありますよね。父の日にこんなメールをしてきた知人がいます。

父の日だしな、と思って同僚の誘いも断わって家に帰ると、妻の字で「チンしてください」とカレーが置いてありました。娘と息子の部屋をのぞいて、「留守か……」

と思った瞬間、電子レンジが〝チーン〟と鳴りました。

またこれも、以前に別の知人から届いたメールです。

友人の女性が百万円以上かけてエステでダイエットに励んでいました。そろそろそのコースが終了という頃、街でばったり会った友だちにこう言われたそうです。

「なんだ、エステに行くって言ってたけど、まだ行ってなかったんだ」

ともに何かしらむなしさが伝わってくる話ではありますが、おかしみも漂い、笑える話になっていますよね。

自分にとってとてもつらい悲しい体験でも笑いに変えて伝えるのは、語彙の豊かな芸人さんたちが得意とするところです。そういう話を自分の中で昇華させてそこまで持っていくというのは、相当な表現力と語彙力がいります。

でも「むなしい」は案外ウィットに富んだ笑える話に変えやすいのです。

さあ、それではあなたの「むなしい」を聞かせてください。

問44

問題　あなたの「むなしい」を笑いに変えてください。

どうですか？　書けそうですか？　もう仕上がりましたか？

聞きたいですねー。あなたの「むなしい」体験を。

もし書いたなら、他の人に聞いてもらってください。相手が「むなしー」とか「それ、超むなしー」などと言って笑ってくれたら大成功です。

抱いた印象を書き留める

人間誰しもそこそこ生きていると、実際に見聞きする前に先入観を持っているものです。でも、その思い込みを捨て、改めてとらえなおす。そこが大切なんですね。

目の前にある事物を先入観にとらわれずに五感の働きとともに観察して描写する。

その描写も自分が抱いた印象を読者にも同じように感じてもらえるよう言葉を選んでほしいのです。

早大大学院でのある日の授業で、多くの作家の文章例をもとに「説明より描写だ」と強調したあとで、教室の窓から見えるケヤキを学生たちに描写してもらいました。一般的な記述が多い中で、中国人留学生の女性一人が何カ所も枝が切断されていることに細かくふれ、こう書いて結んでいました。

「自分も成長のためには削り落とさなければならないものがあるのだろうか」

他の学生の多くは「風にそよぐケヤキの葉」とか「空にすっと伸びている枝」といったケヤキにありがちな表現が多く、つい、ぼやいてしまいました。「確かに枝はすっと伸び、葉は風にそよいでいるんだけど、枝は伸びすぎ、風はそよぎすぎなんだよ」

中国の留学生がこだわった「枝の切断」では、僕の吉野弘氏の「樹」と題した詩を思い出していました。

人もまた、一本の樹ではなかろうか。
樹の自己主張が枝を張り出すように
人のそれも、見えない枝を四方に張り出す。

身近な者同士、許し合えぬことが多いのは
枝と枝とが深く交差するからだ。
それとは知らず、いらだって身をよじり
互いに傷つき折れたりもする

仕方のないことだ
枝を張らない自我なんて、ない。
しかも人は、生きるために歩き回る樹
互いに刃をまじえぬ筈がない。

枝の繁茂しすぎた山野の樹は
風の力を借りて梢(こずえ)を激しく打ち合わせ
密生した枝を払い落す――と
庭師の語るのを聞いたことがある。

人は、どうなのだろう？
剪定鋏（せんていばさみ）を私自身の内部に入れ、小暗い自我を
刈り込んだ記憶は、まだ、ないけれど。

描写にすぐれているのはもちろんですが、そういう気にさせる樹のありようを描いてみせ、かつ読み手にも同種の感を抱かせる筆致に、僕は印象を書くとはこういうことか、と改めて勉強させられた思いでした。

読み飛ばせない比喩表現を

さて、村上春樹氏の比喩ですが、さすがと思える表現は出合うとその箇所を読み直して味わっています。

いいなあ、と思う比喩表現にはメタファーが多いのですが、そんな区別など無関係に読んでいる、いや、読まされている感さえあって、それまで流れにそって自然に文字を目で追っていたのが、にわかに立ちどまり、その文章を反復したりしていますか

ら、しっかり読まされているんですね。

それにしてもどうしてそうなるのか。当の村上氏が氏の作品の愛読者でもある川上未映子さんとの対談本『みみずくは黄昏に飛びたつ』でこんな話をしています。チャンドラーの比喩で、「私にとって眠れない夜は、太った郵便配達人とおなじくらい珍しい」というのがあると断って、こう続けています。

「これは何度もいっていることだけど、もし「私にとって眠れない夜は稀である」だと、読者はとくに何も感じないですよね。普通にすっと読み飛ばしてしまう。でも、「私にとって眠れない夜は、太った郵便配達人と同じくらい珍しい」というと、「へぇ！」って思うじゃないですか。「そういえば太った郵便配達って見かけたことないよな」みたいに。それが生きた文章なんです。そこに反応が生まれる。動きが生まれる」

そのうえで村上氏は、「そのコツさえつかんでいれば、けっこういい文章が書けます。たぶん」とも続けています。

要は「簡単に読み飛ばせるように書いてはいけない」というわけです。
村上氏の文章には確かにちょっとした表現でも、印象に残る比喩例は紹介し切れないほどあるのですが、『1Q84』から二つ紹介しておきます。

いつもより機嫌がよさそうで、口元には明け方の三日月のような笑みが浮かんでいた。

ウェイターがやってきて、ワインを二人のグラスに注いでくれた。青豆とあゆみはそのワインで乾杯した。グラスを軽く合わせると、遠くで天国の鐘が鳴ったような音がした。

『ダンス・ダンス・ダンス』にはこんな比喩があります。

彼は最初に五分の一秒くらいちらっと僕を見たが、僕の存在はそれっきり忘れられた。まるで玄関マットを見るときのような目付きだった。

あと、挙げていけば本当に切りがないので、みなさんへの質問を兼ねて氏の作品の中でも僕の印象に強く残る部類の比喩を選んでみました。

問45

問題です。次の文章の○○○○○の5文字を埋めてください。

「でもそのときの僕らには、それがすごく大事なことに思えたんだ。（略）風の中で○○○○○を消さないみたいに」

これは『色彩を持たない多崎つくると、彼の巡礼の年』から引いたものです。

答えは、マッチの火です。

この質問は小学校の作文教室でもよくやるんですが、答えが大声で返ってくる代表格ですね。

あとは僕がここで強調しておきたいことを二、三書いておきます。

一つは、比喩のうちでもメタファー的表現はすでに僕らの言語生活、いやいや人間の生活のあらゆる面に深く根づいているということです。

村上氏の『騎士団長殺し』の第二部が出た頃に英語学（レトリック）の瀬戸賢一氏が寄稿した「メタファーの世界」と題した東京新聞（２０１７年６月11日）の切り抜き記事が手元にあるのですが、氏はメタファーは「似ているという感覚を大切にして、わかりにくい事柄をわかりやすいことばに喩えます。日ごろよく使う表現法で、ことばの飾りではありません」と断って、次のように続けています。

「たとえば「温かいこころ」や「冷たい仕打ち」。ここにメタファーが入っています。「温かい」と「冷たい」は文字どおりの意味ではなく比喩。それが証拠に、温かいこころで風呂を沸かせますか。冷たい仕打ちでビールを冷やせますか」

誇張表現でキャッチーに

瀬戸氏の話は興味深く、まだ紹介したいのですが、本書のテーマ、語彙に戻っての比喩考に移りたいと思います。

これは僕の印象かもしれませんが、今の若い子はギャグが達者だし、アニメ文化や、動画、ゲームで育ったぶん、映像的な誇張表現が得意なように思われます。それとキャッチーな言葉に慣れているのも今の世代の特徴です。何を歌ってもとっても上手な島津亜矢さんを「歌怪獣」と名付けたのはお笑い芸人のマキタスポーツだそうですが、これには僕はひどく感心しました。

ズレぐあいなんかも今はユーモアがあると加点されそうですし、例え方もすべてプラスイメージじゃなくていいのが今日的なんですね。

この本は語彙力に問題ありの若年の読者を意識して取りかかったのですが、時代の空気を先取りできる感性があれば、それは単なる語彙力より有用な武器となる、そんな時代かもしれません。

ただし、人の能力を見る時、安定感というのも大切ですよね。野球の4番バッターには一様に腰回りの大きさが見て取れます。

腰回りは言葉の世界では語彙力に相当するでしょうね。さまざまな事象を通りいっぺんの言葉でなく、状況にかなった言葉で表現できる。今ではごく一般のビジネスパーソンにも、そんな力量が求められているようですが、本書が少しでも役立てば幸甚です。

五感が生み出す言葉を使う

すでに紹介したように、目や口の表情を描写しての感情表現は目・耳・鼻・皮膚・舌の五感の働きは身心とかかわって、数々の言葉を生み出しています。「息をのむ」「息をつく」「腹に据えかねる」「腹の皮がよじれる」「口が滑る」「口が曲がる」……いや切りがありません。

問46

では問題です。「鼻が高い」など、鼻にまつわる言葉を知っている限り挙げてください。

鼻が曲がる／鼻で笑う／鼻が効く／鼻であしらう／鼻に掛ける／鼻を明かす／鼻を折る／鼻を突く／鼻を鳴らす／鼻につく……などがありますね。

同じように辞書で「口」を引けば、その横にずら一っと数十の言葉が並んでいます。

ぜひ見ておいてください。

また五感とのかかわりでいえば、擬音語（外界の音を人間がわかるように声でとらえた言葉＝遠くで雷がゴロゴロ鳴り出した）、擬態語（音を立てない物事をいかにもそれらしく音で表現する言葉＝人がどんどん歩いていく）、それらをひっくるめてのオノマトペは語彙と大いに関係します。

自分がつくるオノマトペ

五感のうち、とりわけ皮膚感覚に関わってくる「ねばねば」とか「ぬるぬる」といった言葉は詩のレトリックなどに生かされていますが、ただ風を「ヒューヒュー」とか爆発音を「ドカーン」などと書いては、字面だけの表現でしかなく文章そのものを安っぽくしてしまいます。

むしろオノマトペは自分がつくってやるくらいの気構えでのぞんでもらっていいのではないでしょうか。以前、大学の授業でも紹介したことがあるのですが、豊島ミホさんの『神田川デイズ』に「夏の沢」と断って「きゃらきゃら」と笑い声のように流れていくと書いてあり、これぞオノマトペと思ったものでした。

ＴＢＳ系の金曜ドラマ「ＭＩＵ４０４」で、綾野剛さん演じる伊吹という刑事は、熱血漢の自由人でしたが、彼は好きなタイプの女性を「きゅるっ」としている、と表現していました。きゅるっとした人、というのはどういう人のことを言うのか。胸がきゅんきゅんとなるに、くるくる振り回されている状態をかけ合わせたものではないかとも言われていますが、聞いていて新しい感覚のオノマトペが出てきたように感じられたものです。

「雨がしとしと降るとか、太陽がきらきら照るのでは、まったくの無駄ですね。オノマトペを使うときに、一発逆転を狙って誰も使っていない、しかも実態と乖離(かいり)せずなるほどと思わせるものでなければならない」とは歌人の栗木京子さんの言葉です。おっしゃるとおりですね。

ことば
ナビ

新聞の一覧性はダントツ

僕らの学生時代は喫茶店に入っても、中華の店でも新聞が置いてありました。社説のところなど、ラーメンの汁がにじんでいたり、結構奪い合って読んでいたものです。

いつだったか、サラリーマンのランチを紹介するＮＨＫテレビの「サラメシ」という番組を見ていると、ＡＮＡホールディングスの片野坂真哉社長が登場しました。昼食はコンビニで買うホイップクリームパン一個とあって、えっ、それだけと思いましたが、東京・汐留の本社へ出社後の社長に密着のカメラがとらえた姿にはもっと驚きました。

なんと社長手ずから全国紙と英字新聞６紙をチェックして切り抜き、ファイルしているではありませんか。朝の日課だそうで、内外情勢の分析や会合などに役立てているとか。こちらはアナのアナログ！　などと冗談を口走っていましたが、新聞人として感動してしまいました。

新聞の切り抜きはやってみればわかることですが、スクラップの前には紙面全体に目を通す、つまり一覧することが必要ですから、内外の諸情勢がそれなりにわかります。社長もその一覧性の効果も承知して続けておられるのでしょう。

最近、在阪局のラジオ番組のプロデューサーからこんな話も伺えたので併せて紹介しておきます。

「この記事は読んでおかなければ、と思うと、同じ面の他の記事にも自然と目がいく。本屋で買いたい本を買う際、他の本にもいろいろ目が向かうのと似てますよね」

加えて彼は「解説など、線を引きながら読めるのがうれしいですね。切り抜きもできますし」とも話していました。

内外のニュースの一覧性とその充実度が、インターネットやテレビのニュースにはない新聞の強みです。繰り返しますが、目まぐるしく動く今日の政治、経済情勢を紙面を広げて全体として押さえられるのは新聞だけです。

自称、株屋のプロが声高に言っていました。「外電のベタ記事まで目を通す。それで大もうけさせてもらえるなんて、新聞以外、考えられん」

話力

大切なのは「心に届く言葉」

問47

いきなりの問題です。人気と人望、どう違いますか。

ちょっと難しいでしょうか。答えは、以下のような感じです。

人気＝多くの人に好かれ、評判もよく、「クラスの人気者」といった決まり文句もあります。

人望＝多くの人に尊敬され、信頼されている人なので、「クラスのリーダー的な存在だ」といった感じで使われています。

人気者が人望があるか、というと案外そうでもない場合が多く、いい加減なところがなんかいいんだよね、と許されている人も結構いるようです。しかし人望のある人は人気があり、みんなから信頼されています。

そして人気者も人望のある人もともに雑談力に長けています。つまり話題が豊富でかつ相手の心を動かす話力が身についているんですね。心に響く話し方を心得ているので、相手はつい話にひきこまれてしまうわけです。

以前、全国的な組織の研修会でおしゃべりする機会があり、「人望のある上司とは？」というアンケートをとらせてもらったことがあります。会場の二百数十人中約二百人から回答があり、圧倒的に多かったのは「分け隔てなく、話をよく聞いてくれる人」でした。こんな声も寄せられていました。

・傷つくような言葉を吐かない
・知識をひけらかさない
・自分の体験に照らして考えてくれる
・裏表がない
・頭ごなしに否定せず、許容量が大きい

・発想を受け入れてくれる
・結果だけで判断せず、その過程を重視してくれる
・悪口を言わない
・フォローがある
・言葉を選んで話す
・相手の立場で物事を考える

これらの回答すべて「話をよく聞いてくれる人」につながるように思われます。

人の上に立つ立場になると、部下に対して説教調になる人がいます。「そもそもわが社は……」などと説いて聞かせるタイプですが、言葉数の多い説教というのは人望とは一番遠いところにあるようで、臨床心理学の河合隼雄先生は確か「説教の効果はその長さと反比例する」とおっしゃっていました。

コミュニケーションで大切なことは相手の話をよく聞くということ、そしてコミュニケーションを含む話力で問われる語彙力は、相手の気持ちを察して心に届く言葉を選択するということでしょう。

雑談力をテーマにした特集記事などでよく見かけるのは、相づちの「さしすせそ」です。

〈さ＝さすがですね／し＝知らなかったです／す＝すてきですね／せ＝センスがいいですね／そ＝それはすごいですね〉

話が盛り上がりそうですが、多用すればお世辞として受け取られ、警戒されてしまいます。これらの相づちは真実味を持って口にすべきかと思われます。

知っておきたい使い分け

問48

さて、ここで問題です。「弊社」「当社」「御社」「貴社」はどう使い分ければいいでしょう。


「弊社」と「当社」はどちらも〝わたしの会社〟を意味しますが、「弊社」は謙譲語、「当社」は丁寧語という違いがあります。

「御社」と「貴社」はともに相手の会社に対して尊敬の気持ちで用いますが、「御社」は話し言葉として、「貴社」はビジネス文書などでの書き言葉として用います。

さて、おたがいが言葉を交わしあったあとは、雑談のうちに本題に入るわけですが、後でくやんだりしがちなのは雑談のやりとりなんです。

昨今、若いビジネスマンの間では新聞を読まない人がかなりいると聞きます。新聞を読まないなら、ネットのニュースでもいいですから、主な出来事ぐらいは頭に入れておいてほしいですね。

あえて書いておきますが、新聞が社説で何度も取り上げているようなニュースだと、すでに時事用語になっている可能性があります。時事用語はとりわけビジネスパーソンにとって重要語彙です。

ましてその用語と関係している業界の人が相手の場合だと、雑談の際にも話題になるでしょうから、知らないではすみません。相手もそのあたりの問題をどう受け止めているのか気にしているものです。

あなたが好むと好まずにかかわらず、この世は「話す人あり、聞く人あり」で成り立っているのです。

面と向かって声を交わすというのは、新型コロナの感染拡大で一気に広まったテレワークの進展で減少傾向にあり、テレワーク以外でもオンライン飲み会を開くといったことも珍しくなくなっていますが、だからなおのこと、面と向かっての雑談は特別な意味を持つのです。

話は少し変わりますが、知っている人と会ったらあいさつができるかどうかは、その人の社会性とかかわってきます。あいさつにプラスしての一言は、そのまま雑談ということにもなりますから、日頃のあいさつや会話は雑談もありの話力を身につけるステップととらえてほしいと思います。

良寛さんの戒語

ところで会話の際には慎しまなければならない言葉があります。江戸後期の禅僧で歌人の良寛さん（1758〜1831）の戒語がとりわけ有名ですが、多くの人に愛された禅僧がどんな言葉を戒めたかみなさんは知っていますか。

子どもと隠れんぼや手まりをついて遊んだあの良寛さんです。上から目線で戒めるといったことは予想しにくいものの、今日でも通用するというか、少しも古びていない印象を受けます。

ここでは精神医学に精通した土居健郎氏の著『表と裏』で紹介の言葉から幾つか書き留めておきたいと思います。

「ことばの多き」「口のはやき」「さしで口」「手がら話」「能く心得ぬことを人に教ふる」「ことごとしく（おおげさに）物いふ」「人のはなしのじやまする」「親切らしく物いふ」「学者くさき話」「風雅くさき話」「さとりくさき話」「茶人くさき話」

いかがですか、みなさんの感想は。さも悟ったかのような印象などまるでない、いたって親しみやすい話しぶりが、知識をひけらかすことをつつしむようにという教えそのものにも思えます。ユーモアやウィットをまじえて聞こえてきそうな良寛さんの話は、多くの人に親しみの感情をおこさせたことでしょうね。

雑談に役立ちそうなことわざ

僕は健康をテーマにした川柳の選者などをしているせいか、養生訓めいたことわざが好きで、よく雑談に織りまぜたりします。語彙というより、ひとまとまりの言葉なので語句というべきでしょうが、会話の際、一つ二つ以下紹介のことわざをはさむと話もはずむものです。現実の判断材料として役立つようですから、折々の話にぜひ生かしてください。話力もおのずと高まるのではないでしょうか。

〈世渡りベタな人へ〉

・口に密あり、腹に剣あり
・短気は損気
・言わぬは言うにまさる
・過ちは好む所にあり
・隠すより現る（隠すほど人に知られる）

問49

・問題です。（　　）は出世の行き止まり（　　）を埋めてください。

答えは高慢です。

答えで多いのは、使い込み、不倫。「慢心」は当たらずといえども遠からずですね。

〈欲張りな人へ〉

・十分はこぼれる

・世の中は九分が十分（九分の達成で十分）

・起きて半畳寝て一畳（やたら富を望み過ぎない）

・栄光に余って餡が苦い

・鯛も一人はうまからず

・六、七分の勝ちを十分となす

問50

問題です。我が田への水も〇分目　〇に漢字を入れてください。

答えは八です。

これは雑談の折にこの問題を出すと、みんながあれこれ数字を言うので面白いですよ。三とずい分控え目な人もいれば、十と遠慮なくいただきます、というような人もいて笑えます。

〈ついつい やり過ぎてしまう人へ〉

・賢人は聞き、愚か者は語る
・花は半開、酒はほろ酔い
・無理は三度
・年が薬

〈つい調子に乗りすぎる人へ〉

・珍客も長座に過ぎれば厭われる
・長口上は欠伸の種

〈常に自分が正しいと思っている人へ〉

・身知らずの口たたき
・生兵法は大怪我のもと
・木強ければすなわち折れる

問51

問題です。おごる（　　）は久しからず（　　）は何でしょう。

答えは平家です。
源氏と答える人はまずいませんが、若い女の子に質問すると多い答えが、おごるを奢ると勘違いして、おごる男は久しからず。姑という答えもありますね。

問52

問題です。（　　）も過ぎれば毒となる（　　）は何が入りますか？

答えは薬です。
酒だと思っている人が意外に多く、女、金、ゲーム、ダイエットとみんな好き勝手に言い始めますから、盛り上がります。覚えておいてください。

言葉を乱す重複表現に要注意

先日、テレビで気象予報士の女性が、「まだまだ暑い残暑が続きそうです」と言っていました。明らかに重複表現です。話し言葉でついつい口にすると、それがそのまま書き言葉になるようで、そういうミスが日本語の乱れにつながるんですね。ですから重複表現は語彙とも大いに関係すると考え、この章で取り上げた次第です。

問53

そこで問題です。次の重複表現を正してください。

・いまだに未解決
・あとで後悔する
・連日暑い日が続く
・頭痛が痛い

・必ず必要

正しくはこうなります。

・いまだに未解決／いまだ解決していない
・あとで後悔する／あとで悔いる
・連日暑い日が続く／暑い日が続く
・頭痛が痛い／頭が痛い
・必ず必要／必ず要る

山はどう数えるのか

ところで、あなたはもののかぞえ方は正確ですか？

「ウサギは一羽、二羽とかぞえるんだよ」

「えっ、一匹、二匹じゃないんですか？」

「ネコやイヌは匹でも、ウサギは羽だよ」

ウサギのかぞえ方についてこのような会話を何度か耳にしたことがあります。正しくは羽でも匹でもいいのですが、日本語には、そのものにふさわしいかぞえ方がいくつもあります。こういうことをちゃんと知っている方に出会うと、僕は敬意をはらいたい気になります。いや実際。

問54

問題です。次のものを順に数えてください。

いかだ　鏡　吸い物　タイヤ　トンネル　墓　プール　宝石　山　落語

いかだは一枚、二枚、鏡は面、吸い物はわん、タイヤは本、トンネルも本、墓は基、プールは面、宝石は点、山は座、落語は席と数えます。

他にも橋や箸どうかぞえるのか、辞書によっては数え方が載っているものもありますので一度調べてみてください。

興味本意、個別訪問、これ正しい？

パッと見ただけでは気づかない漢字の間違いって、メールなどでの変換ミスで結構あるんですよね。社や関係する組織などの恥とならないようにチェックしておきましょう。

僕の場合、「専門編集委員」を「専門変種委員」と打ち間違いをされ、同僚から「今後、これでいきますか」と軽口をたたかれたことがあります。

問55

ではここで問題です。次の変換ミスを直してください。

金属性（バット）
人口呼吸
地名度
上位下達

正しくはこうです。
金属製（バット）
人工呼吸
知名度
上意下達

見出しの興味本意は興味本位、個別訪問は戸別訪問です。念のため。

ほかにも誤用しやすい語句として、以下のようなものがあります。括弧のなかは間違いですが、つい雑談のなかで口にしてしまいがちですから注意してください。話力が問われることにもなりかねません。

愛嬌をふりまく（愛想をふりまく）・笑みがこぼれる（笑顔がこぼれる）・汚名返上（汚名挽回）・極め付き（極め付け）・公算が大きい（公算が強い）・古式豊かに（古式ゆかしく）・至上命令（至上命題）・雪辱を果たす（雪辱を晴らす）・たもとを分かつ

（たもとを分ける）・取りつく島もない（取りつく暇もない）・熱に浮かされる

（熱にうなされる）・老骨にむち打つ（老体にむち打つ）

こうした言い間違い、思い違いって気づかぬうちにやってしまうんですね。

これらは主として『毎日新聞用語集』を参考にさせてもらいました。

会話に出てきそうな言葉を集めたつもりですが、正直言って今でも間違いそうな言葉が幾つかありました。一つでもたくさん覚えて自分のものにしてください。

長時間のおつきあい、ありがとうございました。

ことば
ナビ

ケヤキとスズメ

朝方、近くの公園を散歩中、前方にそびえる1本のケヤキに目がいきました。この季節、枯れ木のはずのケヤキがなぜだか葉をいっぱいつけて風にそようでいる。すぐ近くのケヤキは1枚も葉がなく、竹ぼうきを逆さにしたように裸のままで直立しているというのに。

どうして、と近づいてみると、葉に見えたのは枝にとまっているスズメの群れではないですか。見事な造形に思わず声をあげました。そのせいで一斉に飛び去ったスズメたちが、風に飛ばされた枯葉に見えたばかりか、木の葉雨となってあたり一帯に降りそそぎ、それがまた格別の風趣をもたらしていました。

こちらはスズメといえば確か村上春樹氏が、と「雀(すずめ)の群が不揃(ふぞろ)いに電線にとまり、音符を書き換えるみたいにその位置を絶えず変化させていた」という「1Q84」の文章を思い出し、電線にスズメ、スズメに裸木のケヤキなどとつぶやいていました。

比喩表現はなぞなぞを想起させますね。

もう何年も前のことですが、街で拾ったタクシーに乗り込むと、カーラジオから懐かしいフォークが流れていました。運転手さんに「あ、いい曲ですね。そのままつけておいてください」と言ってシートに深々と身を沈め、車窓に目をやると、流れてゆく並木はケヤキでした。

そのケヤキ並木はどこだったのだろう。思い出すことはできないのですが、東京のケヤキについては井上靖氏の小説「欅の木」に詳しいですね。東京から消えてゆくケヤキを慨嘆しつつ、人生の感慨や社会批評も込めた物語で、氏が63歳の時の作品です。1970年の元日から8カ月余、日経新聞朝刊に連載されましたが、その際の「著者のことば」は次のように結ばれています。

「書斎の窓から見える欅の木は裸の梢を寒空に拡げています。いまの私にはそれがたまらなく美しく見えているだけです」

当時の東京に残存するケヤキの名木をはじめ、消えたケヤキ並木も地名と共に書かれています。

女性のアイドルグループ「欅坂46」はどの地をイメージして名付けたのでしょうか。

この小説によると、パリがマロニエの林なら、かつての東京は美しいケヤキの都だったのだそうです。

おわりに

駆け出しの記者時代、「明らかになった」と書くべきところを「明るみになった」と書いてデスクに直されました。書き間違いですね。

随分前のことになりますが、テレビの医療相談か何かの番組で、婦人科の先生が「ぼぎゅうの出に影響がありますので」と言いました。ぼぎゅう……母牛？　……言い間違いですが、相談していた女性が「母乳ですね」と訂正する口調で言ったので、先生、「ええ母乳、母乳です」と言い直していました。

聞き間違えもあります。阿川弘之氏が晩年のエッセイ『食味風々録』で、「世の中」を「最中（もなか）」、「三分の一の値段」を「サンドイッチの値段」、「エドワード・ケネディ」を「江戸川の鰻（うなぎ）」と聞こえる、などと書いていました。

勘違いか、思い込みか、あるバーでカウンターの向こうの女性から「近藤さんもダンコンの世代ですか」と聞かれ、「ダコン……ああ、団塊……ね」とやんわり訂正させていただいたことがあります。

「暑さ寒さもカレギシまでってどういうこと?」と話す若い子がいると聞くと、日本語は大丈夫なのかと心配になります。たった一つの流行語らしき言葉が、いろんな意味に多用され、ネットだの何だのでたちまち拡散されています。語彙力衰退の状況がそこここで垣間見れます。

今日ふうにいえば、日本語ヤバ！ なんですね。ＡＩだのオンラインだの、そういう流れがもたらす言葉の生まれ方や交わされ方もいろいろ気になります。将来、自分の仕事がＡＩに代替されるのでは、といったことがあるとしても、すでに言葉のありようがいびつに変形しているとすれば、見過ごせない問題でしょう。

この本はそんな危機感のうえ、「なによりも国語」とおっしゃる司馬遼太郎氏の言葉にも鼓舞され、この際、語彙にこだわってみようと取り組んだものです。

みなさんそれぞれの言葉への関心に少しでも役立てていただければ幸甚です。

筆者

JASRAC 出 2008754-001

言葉が思いつかない人のための
「語彙トレ55」

2020年11月30日　初版発行

著　者……近藤勝重
発行者……大和謙二
発行所……株式会社大和出版
　東京都文京区音羽1-26-11　〒112-0013
　電話　営業部03-5978-8121／編集部03-5978-8131
　http://www.daiwashuppan.com
印刷所……誠宏印刷株式会社
製本所……ナショナル製本協同組合
装幀者……轡田昭彦＋坪井朋子

ISBN978-4-8047-1871-2